Acufeni

Jane L. Henry • Peter H. Wilson

Acufeni

Manuale di sopravvivenza

Edizione italiana a cura di
Dario C. Alpini e Antonio Cesarani

Jane L. Henry
University of New South Wales

Peter H. Wilson
Southern Cross University

Edizione italiana a cura di:
Dario C. Alpini, Servizio ORL-Otoneurologia, IRCCS S. Maria Nascente, F.ne don Carlo Gnocchi, Milano
Antonio Cesarani, U.O.C. Audiologia, Dipartimento di Scienze Chirurgiche Specialistiche, Università degli Studi di Milano; IRCCS F.ne Ca' Granda Ospedale Maggiore Policlinico, Milano

Authorized translation from the English language edition, entitled Tinnitus: a self-management guide for the ringing in your ears, 1st Edition by Jane Henry, Peter Wilson, published by Pearson Education, Inc, publishing as Allyn & Bacon, Copyright © 2002 Allyn & Bacon.

Tradotto con autorizzazione dal titolo originale in inglese Tinnitus: a self-management guide for the ringing in your ears, 1a edizione di Jane Henry, Peter Wilson, pubblicato da Pearson Education, Inc, con il marchio Allyn & Bacon © 2002 Allyn & Bacon.

Traduzione italiana a cura di Alessandro V. Alpini

I lettori sono invitati a scaricare il materiale aggiuntivo al seguente indirizzo: http://extras.springer.com, password: 978-88-470-2354-3. Si specifica che il file audio è presente nella sola edizione italiana.

Additional material to this book can be downloaded from http://extras.springer.com.

ISBN 978-88-470-2354-3   ISBN 978-88-470-2355-0 (eBook)
DOI 10.1007/978-88-470-2355-0
© Springer-Verlag Italia 2012

Quest'opera è protetta dalla legge sul diritto d'autore e la sua riproduzione anche parziale è ammessa esclusivamente nei limiti della stessa. Tutti i diritti, in particolare i diritti di traduzione, ristampa, riutilizzo di illustrazioni, recitazione, trasmissione radiotelevisiva, riproduzione su microfilm o altri supporti, inclusione in database o software, adattamento elettronico, o con altri mezzi oggi conosciuti o sviluppati in futuro, rimangono riservati. Sono esclusi brevi stralci utilizzati a fini didattici e materiale fornito ad uso esclusivo dell'acquirente dell'opera per utilizzazione su computer. I permessi di riproduzione devono essere autorizzati da Springer e possono essere richiesti attraverso RightsLink (Copyright Clearance Center). La violazione delle norme comporta le sanzioni previste dalla legge.

Le fotocopie per uso personale possono essere effettuate nei limiti del 15% di ciascun volume dietro pagamento alla SIAE del compenso previsto dalla legge, mentre quelle per finalità di carattere professionale, economico o commerciale possono essere effettuate a seguito di specifica autorizzazione rilasciata da CLEARedi, Centro Licenze e Autorizzazioni per le Riproduzioni Editoriali, e-mail autorizzazioni@clearedi.org e sito web www.clearedi.org.

L'utilizzo in questa pubblicazione di denominazioni generiche, nomi commerciali, marchi registrati, ecc. anche se non specificatamente identificati, non implica che tali denominazioni o marchi non siano protetti dalle relative leggi e regolamenti.

Le informazioni contenute nel libro sono da ritenersi veritiere ed esatte al momento della pubblicazione; tuttavia, gli autori, i curatori e l'editore declinano ogni responsabilità legale per qualsiasi involontario errore od omissione. L'editore non può quindi fornire alcuna garanzia circa i contenuti dell'opera.

9 8 7 6 5 4 3 2 1   2012   2013   2014   2015

Layout copertina: Ikona S.r.l., Milano

Impaginazione: Ikona S.r.l., Milano

Springer-Verlag Italia S.r.l., Via Decembrio 28, I-20137 Milano
Springer fa parte di Springer Science+Business Media (www.springer.com)

Prefazione all'edizione originale

Immaginate di essere costantemente disturbati da un fischio nel vostro orecchio, intenso, costante, che non diminuisce qualunque cosa facciate, oppure di percepire dentro la vostra testa, continuamente, una tempesta ululante, uno stormo di insetti, una macchina martellante.

Questa è l'esperienza di milioni di persone che soffrono di acufeni.

Gli acufeni interessano circa il 17 per cento della popolazione qualunque siano l'età, l'estrazione sociale, il livello culturale[1].

Documentati storicamente fin dall'antichità, gli acufeni si associano spesso, anche se non sempre, a problemi uditivi, come sordità o esposizione cronica a rumore.

Gli acufeni costituiscono una seria causa di sofferenza per molte persone, in altre si accompagnano a depressione, ansia, irritabilità e frustrazione; spesso disturbano il sonno, perché sembrano più intensi quando il rumore di sottofondo diminuisce.

Talvolta gli acufeni possono anche esercitare un'influenza negativa nel lavoro, nel tempo libero e più in generale nello svolgimento delle attività quotidiane.

Molti lettori che soffrono di acufeni conoscono bene questi problemi e stanno cercando un rimedio: questo libro è scritto in primo luogo proprio per loro!

Altri vorranno saperne di più per comprendere meglio la condizione di sofferenza di amici o parenti.

I professionisti che lavorano in tale ambito possono trovare utile questo testo per acquisire qualche idea "alternativa" per assistere i propri pazienti.

Infine, ci sono lettori semplicemente curiosi che vogliono soltanto apprendere qualcosa sugli acufeni.

Speriamo che questo libro consenta a tutti voi, lettori, di esplorare in modo nuovo questo mondo degli acufeni per certi aspetti ancora poco conosciuto.

Questo "manuale" può anche suggerirvi alcune idee sui modi di affrontare problemi simili, come il dolore o le vertigini croniche. Molti suggerimenti contenuti in

---

[1] Baigi A, Oden A, Almlid-Larsen V, Barrenäs ML, Holgers KM (2011) Tinnitus in the General Population With a Focus on Noise and Stress: A Public Health Study. Ear Hear Jun 28.

questo libro possono infatti essere applicati ad altre situazioni poco piacevoli o fastidiose della vita.

In assenza di una cura ben definita, molte persone che soffrono di acufeni si sentono dire che dovranno "imparare a convivere con il problema". Sfortunatamente, questo suggerimento è raramente accompagnato da indicazioni specifiche su *come* imparare a conviverci[2]. Questo obiettivo sembra quasi impossibile da raggiungere per coloro che convivono con un rumore forte, costante, irritante a cui non possono sfuggire e che nessuno sembra comprendere.

Lo scopo di questo libro è fornire a coloro che soffrono di acufeni una guida fai-da-te il più possibile esauriente che, attraverso istruzioni specifiche e l'utilizzo di tecniche di auto-controllo, consenta loro di gestire il malessere nel modo migliore.

Le tecniche descritte in questo libro derivano da metodi a cui ci si riferisce in modo generale con il termine di terapia cognitivo-comportamentale, o *Cognitive Behavioural Treatment* (CBT).

La CBT è l'unica terapia che ha dimostrato di essere efficace nella gestione degli acufeni secondo i moderni criteri della medicina basata sull'evidenza (*Evidence Based Medicine, EBM*)[3].

Lo scopo di questa metodica è la riduzione dell'impatto negativo che gli acufeni hanno sulla vita quotidiana in modo che non costituiscano più un problema. Infatti, una volta che avrete imparato come gestire i problemi che essi vi causano, mano a mano che passa il tempo dovreste rendervi sempre meno conto della presenza degli acufeni o comunque esserne sempre meno infastiditi anche laddove li notiate.

Questo libro è scritto da professionisti che hanno una vasta esperienza clinica e di ricerca legata allo sviluppo, all'utilizzo e alla valutazione della terapia cognitivo-comportamentale degli acufeni. Basato su teorie e ricerche psicologiche attuali, esso abbina materiale didattico con informazioni pratiche su come creare e perfezionare un approccio su misura per gestire sia i vostri acufeni sia i problemi a essi correlati.

Le tecniche proposte sono state selezionate sulla base della più recente ricerca scientifica: terapia cognitiva, controllo dell'attenzione e dell'immaginazione, allenamento al rilassamento, metodi di distrazione, gestione dello stress.

Per ognuna delle tecniche specifiche vengono fornite istruzioni dettagliate, oltre a moduli e tabelle di registrazione come supporto per il monitoraggio dei vostri progressi.

Questo libro può anche essere abbinato alle cure offerte da medici specialisti, audiologi, psicologi.

Acufeni - Manuale di sopravvivenza vi aiuterà ad acquisire nuove abilità che potranno cambiare il vostro modo di pensare e di vivere gli acufeni: con il passare del tempo, riuscirete a non percepire più questo disturbo come un problema!

---

[2] Newman CW, Sandridge SA, Bea SM, Cherian K, Cherian N, Kahn KM, Kaltenbach J (2011) Tinnitus: patients do not have to 'just live with it'. Cleve Clin J Med May; 78:312-319.

[3] Hesser H, Weise C, Westin VZ Andersson G (2011) A systematic review and meta-analysis of randomized controlled trials of cognitive-behavioural therapy for tinnitus distress. Clin Psychol Rev Jun; 31:545-553.

Avvertenze per i lettori italiani

Anche se stiamo assistendo a un certo proliferare di libri fai-da-te per la nostra salute (del tipo: "perché smettere di fumare", "come dimagrire", "la cefalea" ecc.), noi Italiani non siamo abituati a questo genere di guide che, come nel caso di questo testo, spesso assomigliano più al libretto di istruzioni di una lavatrice che a un testo di medicina.

Tuttavia, recenti studi hanno dimostrato che, in determinate condizioni, questo tipo di libri (molto diffuso negli Stati Uniti) risulta di grande efficacia nella cura degli acufeni tanto quanto un lungo e costoso periodo di psicoterapia cognitiva.

Per questo motivo abbiamo deciso di tradurlo e di proporlo al pubblico italiano. Quali sono però le condizioni?

1) Gli acufeni, almeno al loro insorgere, possono essere il campanello di allarme di un'alterazione dello stato di salute generale: diabete, ipertensione, anemia, disturbi della tiroide ecc.; pertanto è di fondamentale importanza che, prima di tutto, vi prendiate cura del vostro stato di salute generale.
2) Gli acufeni possono avere origine da una malattia o da una disfunzione curabile dell'orecchio; pertanto è imprescindibile un'accurata valutazione da parte di un medico specialista (otorinolaringoiatra e/o audiologo).
3) Gli acufeni sono correlati allo stress, sia fisico in generale, sia dell'orecchio, sia psichico in particolare, pertanto è indispensabile rimuovere o ridurre il più possibile la maggior parte delle situazioni stressanti o dannose. Per esempio, non è possibile sperare di guarire dagli acufeni e fumare un pacchetto di sigarette al giorno!
4) Il questionario CAPPE di Nodar, riportato di seguito, costituisce un utile strumento che vi può essere di grande aiuto per l'individuazione degli eventuali fattori di stress che possono incidere specificatamente sulla salute del vostro apparato acustico e quindi influenzare o causare i vostri acufeni.
5) Seguendo le linee indicate per la cosiddetta *biblioterapia*[1] – ovvero l'auto-cura con

---

[1] Malouff JJ, Noble W, Schutte NS, Bhullar N (2010) The effectiveness of bibliotherapy in alleviating tinnitus-related distress. Journal of Psychosomatic Research Vol 68:245–251.

il supporto di libri-guida – dovrete leggere questo manuale dapprima "tutto d'un fiato" e successivamente dedicarvi al suo studio capitolo per capitolo passando da un esercizio all'altro soltanto quando sarete in grado di padroneggiarlo.
Si ritiene che l'utilizzo adeguato di un manuale di questo tipo richieda circa 3-4 mesi di applicazione costante.
I risultati pertanto incominceranno a manifestarsi verso la metà del percorso (quindi dopo circa 2 mesi dall'inizio della lettura e dello studio).

6) Il livello dell'impatto emotivo dei vostri acufeni può essere elevato ma non al punto da non lasciare "spazio di manovra" per il fai-da-te.

Se però l'impatto emotivo dei vostri acufeni è molto elevato, sarà bene avvalersi anche dell'aiuto specialistico di un medico psichiatra, in prima istanza, e di un consulente psicologo in un secondo tempo.

Per avere un'idea dello "spazio di manovra" che avete a disposizione, potete compilare il questionario mini-TQ allegato. Se ottenete un punteggio di IV livello (da 19 a 24), è consigliabile che non vi affidiate soltanto a questo manuale!

Attenzione
Curate le alterazioni della vostra salute generale e rimuovete i fattori di stress il più presto possibile per evitare che gli acufeni diventino cronici! Fatelo quanto prima, perché se il vostro intervento è tardivo, e quindi se anche avete rimosso la causa o una concausa (es. il fumo assieme all'ipertensione e all'aumento del colesterolo), ma lo avete fatto troppo tardi, a quel punto gli acufeni si automantengono.

QUESTIONARIO **CAPPE** *(CHEMICAL, ACOUSTIC, PATHOLOGIC, PHYSICAL AND EMOTIONAL)* PER IDENTIFICARE I FATTORI DI STRESS CHE POSSONO PROVOCARE O FACILITARE GLI ACUFENI

C – Stress Chimico

Assumete da molto tempo:
• Acido Acetilsalicilico (aspirina)
• Diuretici come la furosemide o l'idroclorotiazide
• Antibiotici ototossici (aminoglicosidici)
• Antineoplastici
• Caffeina
• Alcol
• Cocaina
• Nicotina
• Contraccettivi orali
• Cortisone (es. Prednisolone)
• Psicofarmaci

Oppure siete stati esposti per molto tempo all'inalazione di vapori di solventi (tricloretilene, tetracloroetilene, esano, stirene).

(cont →)

(*continua*)

A – Stress Acustico
Siete esposti da tempo a rumori prolungati, in particolare di tipo impulsivo/impattivo (es. martello pneumatico).

P – Stress da Patologie concomitanti

Siete affetti da:
- Sordità neurosensoriale
- Sordità trasmissiva
- Tumori del nervo acustico o cerebrali
- Vasculopatia cerebrale
- Malattia autoimmune
- Patologia tiroidea
- Diabete o iperinsulinemia
- Importante patologia temporo-mandibolare
- Osteoartrosi diffusa importante

P – Stress Fisico (Physical)

Gli acufeni sono peggiorati/scatenati:
- Da affaticamento lavorativo
- Da esercizio fisico
- Alla fine della giornata (anche senza affaticamento lavorativo o esercizio fisico)
- Al risveglio

E – Stress Emozionale

Gli acufeni sono concomitanti a:
- Depressione
- Ansia
- Attacchi di panico
- Disturbi del sonno
- Recente lutto
- Importante cambiamento di vita (pensionamento, licenziamento, nuovo lavoro, separazione o divorzio, nascita di un figlio, matrimonio, matrimonio di un figlio ecc.)

Fonte: Nodar RH (1996) CAPPE - A strategy for counselling tinnitus patients. Int Tinnitus Journal Vol. 2: 111-114.

Mini Questionario degli Acufeni (mini-Tinnitus Questionnaire, miniTQ)

Segnate con una crocetta il quadratino che rispecchia la vostra situazione; è prevista una sola risposta.

		È assolutamente vero (2)	È in parte vero (1)	Non è vero (0)
1	Sono cosciente degli acufeni da quando mi sveglio (mattina) fino a quando vado a dormire (sera).			
2	A causa degli acufeni sono preoccupato che il mio organismo sia affetto da una malattia seria.			
3	Se gli acufeni non andranno via la mia vita non sarà più degna di essere vissuta.			
4	A causa degli acufeni sono più irritabile nell'ambito della mia famiglia e con gli amici.			
5	Temo che gli acufeni possano danneggiare la mia salute fisica.			
6	A causa degli acufeni mi riesce difficile rilassarmi.			
7	Spesso gli acufeni sono così sgradevoli che non mi riesce di ignorarli.			
8	A causa degli acufeni impiego più tempo ad addormentarmi (rispetto a prima).			
9	A causa degli acufeni mi deprimo più facilmente (rispetto a prima).			
10	Penso e mi domando spesso se gli acufeni andranno mai via.			
11	Io sono una vittima dei miei acufeni.			
12	Gli acufeni hanno influenzato negativamente la mia concentrazione.			

Valutazione: è assolutamente vero (2 punti); è in parte vero (1 punto); non è vero (0 punti).

Punteggio totale:
leggero I (0-7)   medio II (8-12)
serio III (13-18)   molto serio IV (19-24)

Fonte: Hiller W, Goebel G (2004) Rapid assessment of tinnitus-related psychological distress using the Mini-TQ. International Journal of Audiology 43:600-604 - Traduzione di Manna L (2001) Rosenheim

---

Gli esercizi di rilassamento presentati nel testo sono scaricabili in formato audio dalla piattaforma Springer Extra Materials.

Allo stesso modo potete scaricare anche copie dei moduli di monitoraggio degli esercizi.

Indice

1 È ora di prendere in mano la situazione! 1

    1.1   No. Non siete pazzi! 3
    1.2   Sensi ed emozioni: partner nel processo di percezione 3
    1.3   Analogie tra acufeni e dolore 4
    1.4   Problemi comuni associati agli acufeni 4
    1.5   Udito e comunicazione 5
    1.6   Invadenza degli acufeni 5
    1.7   Paure correlate agli acufeni 6
    1.8   Irritabilità e aggressività 6
    1.9   Depressione 7
    1.10   Disturbi del sonno 7
    1.11   Una panoramica sui problemi correlati agli acufeni 8
    1.12   Imparare a convivere con gli acufeni: invertire la spirale 8
    1.13   Conclusioni 11

2 Qualcosa di più sugli acufeni 13

    2.1   Che cosa sono gli acufeni? 13
    2.2   Quanto sono diffusi gli acufeni? 13
    2.3   Quali sono le cause degli acufeni? 14
    2.4   Quali cure esistono per gli acufeni? 15
    2.4.1 Trattamenti medici 15
    2.4.2 Trattamenti audiologici 16
    2.5   Conclusioni 16

3 Come valutare i vostri acufeni: quanto vi disturbano? 19

    3.1   Esercizio di autovalutazione 1: quanto vi disturbano gli acufeni? 19

	3.1.1	Che cosa potete apprendere dal questionario sulle reazioni agli acufeni?	21
	3.2	Esercizio di autovalutazione 2: in che modo gli acufeni influenzano il vostro umore?	22
	3.3	Esercizio di autovalutazione 3: in che modo gli acufeni influenzano il vostro sonno?	24
	3.4	Esercizio di autovalutazione 4: che tipo di pensieri avete quando avvertite gli acufeni?	26
	3.4.1	Come utilizzare il questionario sugli aspetti cognitivi degli acufeni (TCQ)?	28
	3.5	Esercizio di autovalutazione 5: fino a che punto gli acufeni interferiscono con le vostre attività quotidiane?	28
	3.6	Conclusioni	30
4	**Pensieri ed emozioni**		**31**
	4.1	La teoria cognitiva delle emozioni	31
	4.2	Il modello A-B-C	34
	4.3	Esercizio di autovalutazione 6: mettere in pratica il modello A-B-C	34
	4.4	Estendere il modello A-B-C agli acufeni	36
	4.5	Esercizio di autovalutazione 7: applicare il modello A-B-C ai suoni	36
	4.6	Caratteristiche del pensiero automatico	38
	4.7	Esercizio di autovalutazione 8: quali sono gli effetti dei pensieri automatici negativi?	39
	4.8	Cambiare il modo di pensare in risposta agli acufeni	40
	4.9	Esercizio di autovalutazione 9: essere coscienti della natura dei propri pensieri	40
	4.10	Conclusioni	41
5	**Cambiare il modo di pensare gli acufeni**		**43**
	5.1	I 12 paradigmi del pensiero negativo	44
	5.2	Imparare a controllare i pensieri negativi	46
	5.2.1	Tecniche di arresto dei pensieri	47
	5.2.2	Metodi di distrazione	47
	5.2.3	Stabilire l'equilibrio: come incrementare i pensieri positivi	49
	5.3	Come sfidare i pensieri automatici negativi: il processo di ristrutturazione cognitiva	50
	5.4	Il modello A-B-C-D-E	51
	5.5	Linee guida per mettere alla prova i vostri pensieri negativi	52
	5.6	Esercizio di autovalutazione 10: usare il modello A-B-C-D-E	54
	5.7	Esercizio di autovalutazione 11: imparare a sfidare i pensieri automatici negativi	55
	5.8	Conclusioni	56

6 Tecniche di rilassamento e gestione dello stress 59

6.1	Lo stress e gli acufeni	59
6.2	Che cos'è il "relaxation training"?	59
6.3	Prepararsi al rilassamento	60
6.4	Punti da tenere a mente	61
6.5	Come apprendere il rilassamento muscolare progressivo (PMR)	62
6.6	Esercizio di autovalutazione 12: registrare i vostri esercizi di rilassamento	64
6.7	Seduta completa di allenamento al rilassamento	65
6.8	Procedura abbreviata di autorilassamento	68
6.9	Procedure semplificate di allenamento al rilassamento	69
6.9.1	Usare il PMR sui quattro gruppi muscolari	69
6.9.2	Rilassamento attraverso la memoria	69
6.9.3	Rilassamento attraverso il conteggio	70
6.9.4	Rilassamento condizionato	71
6.9.5	Esercizi di respiro lento	71
6.10	Conclusioni	72

7 Tecniche di controllo dell'attenzione 73

7.1	La natura dell'attenzione umana	74
7.2	Il controllo dell'attenzione e gli acufeni	74
7.3	Allenarsi a controllare l'attenzione	75
7.3.1	Esercizio 1: sensazioni fisiche interne	75
7.3.2	Esercizio 2: sensazioni interne contro sensazioni esterne ..	76
7.3.3	Esercizio 3: sensazioni fisiche contro sensazioni sonore ...	77
7.4	Riepilogo delle tecniche di controllo dell'attenzione	77
7.5	Allenamento dell'immaginazione	78
7.5.1	Esercizio 1: introduzione all'allenamento dell'immaginazione ...	79
7.6	Allenamento dell'immaginazione e combinazioni tra i sensi ..	82
7.6.1	Esercizio 2: arance e limoni	82
7.6.2	Esercizio 3: creare combinazioni tra i sensi utilizzando oggetti .	82
7.7	Allenamento dell'immaginazione a scene più complesse ...	84
7.7.1	Esercizio 4: creare combinazioni tra i sensi utilizzando fotografie personali	84
7.7.2	Esercizio 5: creare combinazioni tra i sensi usando le fotografie preferite	85
7.8	Il movimento nell'immaginazione	85
7.8.1	Esercizio 6: allenamento al movimento nell'immaginazione ..	85
7.9	Alcune scene suggerite	86
7.9.1	Esercizio 7: altri esercizi di allenamento dell'immaginazione ..	86
7.10	Tecniche dell'immaginazione che includono anche gli acufeni ..	88
7.11	Conclusioni	89

8 Diventare il proprio "personal trainer" 91

- 8.1 Usare le istruzioni fai-da-te 91
- 8.2 Esercizio di autovalutazione 13: escogitare istruzioni fai-da-te personalizzate 94
- 8.3 Allenamento alla risoluzione dei problemi 95
- 8.4 Esercizio di autovalutazione 14: fare pratica con il *problem solving* 97
- 8.5 Conclusioni 98

9 Affrontare le situazioni ad alto rischio 101

- 9.1 Quali sono le situazioni ad alto rischio? 101
- 9.2 Gli eventi negativi della vita e gli acufeni 101
- 9.3 Esercizi di autovalutazione 15 e 16: identificare le situazioni ad alto rischio 102
- 9.4 Esercizio di autovalutazione 17: prevedere gli eventi problematici .. 106
- 9.5 Preparazione per le situazioni ad alto rischio 108
- 9.6 Esercizi di autovalutazione 18-21: sviluppare piani per affrontare le situazioni ad alto rischio 108
- 9.7 Conclusioni 112

10 Ridurre l'impatto degli acufeni sul vostro stile di vita 115

- 10.1 Lo stile di vita e gli acufeni 115
- 10.2 Aumentare il numero di eventi piacevoli nella vostra vita 115
- 10.3 Esercizio di autovalutazione 22: individuare gli eventi piacevoli 116
- 10.4 Programmare gli eventi piacevoli 118
- 10.5 Introduzione graduale agli eventi piacevoli 119
- 10.6 Esercizio di autovalutazione 23: modifiche allo stile di vita 120
- 10.7 Conclusioni 125

11 Conservare a lungo i vantaggi ottenuti 127

- 11.1 Conservare i vantaggi acquisiti 127
- 11.2 Quali fattori potrebbero interferire con la gestione dell'acufene? 128
- 11.3 Esercizi di autovalutazione 24 e 25: valutare i propri progressi 128
- 11.4 Conclusioni 132

12 Alcuni consigli finali per gestire gli acufeni 133

- 12.1 Affrontare le emozioni stressanti 134
- 12.2 Irritabilità e aggressività 134
- 12.3 Tentazioni suicidarie 135
- 12.4 Disturbi del sonno 135

	12.5	Affrontare gli ambienti rumorosi	137
	12.6	Affrontare le situazioni di silenzio	138
	12.7	Impatto sulle attività giornaliere e sullo stile di vita	138
	12.8	Conclusioni generali	139

Materiale aggiuntivo scaricabile dalla piattaforma Springer Extra Materials .. 141

Bibliografia dell'edizione originale 143

Indice analitico 145

È ora di prendere in mano la situazione! 1

Acufeni (o tinnitus) è un termine che si riferisce alla percezione di suoni o rumori (non di voci!) negli orecchi o nella testa senza che vi sia un rumore esterno. Gli acufeni spesso assomigliano ad alcuni comuni rumori dell'ambiente, come un fischio, un ronzio, o un frastuono.

Gli acufeni hanno pressoché sempre una causa fisica, organica; raramente sono "inventati" o "immaginati", non sono un inganno. Ci sono davvero! Ma da che cosa sono causati?

Gli acufeni originano da una disfunzione di quel complesso sistema che è il Sistema Uditivo.

È un problema relativamente comune, che colpisce dal 6 al 17% della popolazione. Difatti, quasi chiunque può percepire rumori nei propri orecchi o nella testa se si trova in una stanza totalmente insonorizzata.

Alcuni sopportano bene gli acufeni e spesso non si rivolgono al medico per una cura ma solo per conoscerne l'origine. Altri riferiscono una sofferenza considerevole. Non è raro che questi pazienti lamentino anche alti livelli di tensione, ansia, depressione, irritabilità, problemi del sonno. Oltre a questi disagi emotivi, gli acufeni in tali soggetti hanno ripercussioni anche sulle attività sociali, lavorative, ludiche.

Se siete seriamente tormentati dagli acufeni, dovete per prima cosa consultare un medico specialista. Una valutazione medica servirà a identificare quali condizioni possano essere curate con interventi medici o chirurgici. Infatti, quando gli acufeni provengono da una qualsiasi patologia, il trattamento della patologia stessa può guarire o quantomeno ridurre gli acufeni. Se non avete ancora consultato un medico specialista (otorinolaringoiatra o audiologo), vi suggeriamo di prendere un appuntamento con sollecitudine, ora, nel momento stesso in cui vi apprestate a leggere questo libro.

Non sempre è possibile identificare una patologia precisa. Non essere in grado di trovare una condizione diagnosticabile non significa che gli acufeni siano "tutti nella vostra testa", come si dice spesso. Vuole dire soltanto che la causa esatta non può essere collegata a una malattia o a un disturbo medico preciso.

Acufeni. Jane L. Henry, Peter H. Wilson
© Springer-Verlag Italia 2012

D'altra parte, gli acufeni hanno la loro origine neurale esattamente nello stesso punto in cui l'hanno i suoni d'ambiente. Per qualche ragione, questa parte dell'orecchio interno, conosciuta come *coclea*, produce un suono senza alcuna causa esterna, così come la retina produce bagliori di luce che interferiscono con la luce proveniente dal mondo esterno.

Non deve sorprendere che sia ancora difficile trovare delle soluzioni per risolvere questo problema. L'area sensoriale (la coclea) è microscopica e complessa come complesso è l'insieme di strutture nervose (Sistema Uditivo) che "danno voce" ai suoni consentendoci di udire parole, frasi, melodie.

La maggior parte dei trattamenti tradizionali porta a significativi miglioramenti solo in una piccola percentuale di persone, o per limitati periodi di tempo. Nonostante gli enormi sforzi compiuti dai ricercatori, non c'è una cura valida universale.

È quindi comprensibile che i pazienti cerchino senza sosta una cura per i loro acufeni, convinti che qualcuno abbia la soluzione. Se soffrite di acufeni da molto tempo, potreste avere già fatto questa esperienza anche voi e, in conclusione, è possibile che vi abbiano detto di dovere "imparare a convivere con il problema". Se avete ricevuto questo consiglio, forse, come molte altre persone che soffrono di acufeni, avete reagito con scetticismo, frustrazione, irritazione, disperazione, reazioni perfettamente comprensibili.

Forse avete reagito a questo "consiglio" andando nuovamente in cerca di uno specialista "che abbia in mano la soluzione". Così avete provato dottori su dottori, medicine su medicine, trattamenti su trattamenti, con scarsi risultati. Alla fine, forse vi siete chiesti: "Beh, ditemi, allora, come posso imparare a convivere con questo rumore nelle mie orecchie?". Buona domanda! Questo consiglio di "imparare a conviverci", dato in buona fede, è utile solo se alle persone stesse viene offerta un'assistenza adeguata. Sfortunatamente, un consiglio del genere è spesso accompagnato da un altro messaggio negativo: "Non c'è niente da fare".

Nonostante sia vero che le cure sono rare, non è vero che non ci sia "niente da fare".

Questo libro è stato scritto appositamente per insegnarvi una varietà di tecniche perché impariate a vivere appieno la vostra vita anche con gli acufeni. Si tratta di una serie di tecniche di autocontrollo cui ci si riferisce generalmente con il termine *terapia cognitivo-comportamentale*. Al centro di questo approccio è l'idea che concentrandosi su ciò che si pensa (cognitivo) e ciò che si fa (comportamentale) si possano trovare, almeno temporaneamente, soluzioni ad alcuni problemi: da qui il nome, terapia cognitivo-comportamentale, o *Cognitive Behavioural Treatment* (CBT).

La ricerca scientifica ha dimostrato l'efficacia della CBT nella gestione di una vasta gamma di problemi. La terapia cognitivo-comportamentale, per esempio, è impiegata per aiutare le persone a sconfiggere la paura di volare, o quella dei ragni (aracnofobia), o delle altezze (acrofobia), ed è utile per coloro che soffrono di depressione; è una componente importante nei programmi di riabilitazione per i dolori cronici.

Sin dalla fine degli anni '80, la CBT è stata utilizzata per gli acufeni.

Lo scopo è quello di aiutarvi a migliorare abilità che già possedete o di svilupparne di nuove per affrontarli. Si tratta di tecniche che possono essere applicate per ridurre il livello di sofferenza causato dagli acufeni e per affrontare le loro conseguenze negative come difficoltà a dormire, scarsa concentrazione, o interferenze con lavoro, tempo libero, attività sociali. Perciò, potete raggiungere lo stadio in cui gli acufeni sono presenti ma non rappresentano un problema. Con il tempo, potreste semplicemente non notare più gli acufeni perché la vostra reazione emotiva a essi è stata notevolmente ridotta.

1.1 No. Non siete pazzi!

Non è raro, per coloro che soffrono di acufeni, sentirsi a disagio o insicuri di fronte alla proposta di cure basate su "tecniche psicologiche". Potreste addirittura chiedervi che tipo di assistenza possono mai dare questi metodi "mentali", per un sintomo medico che è localizzato negli orecchi! Difatti, molte persone sono titubanti e, giustamente, insistono sul fatto che i loro acufeni sono reali e che non è "qualcosa nella loro mente".

Vedere uno psicologo, usare tecniche psicologiche, oppure leggere questo libro non implica che gli acufeni siano semplicemente immaginati, o che abbiate dei "problemi di ordine psichico", o che siate "pazzi". Le persone consultano psicologi e usano tecniche psicologiche per essere assistite nell'affrontare una serie di problemi della vita di tutti i giorni, come stress, paure, malumore, ansia, preoccupazione, disturbi del sonno, per smettere di fumare, perdere peso o affrontare importanti gare sportive.

Le tecniche "psicologiche" servono per una varietà di problemi medici che vanno dal mal di testa, ai dolori cronici, alla pressione alta, alla sindrome dell'intestino irritabile, al diabete o alle disfunzioni motorie, al parto.

I medici specialisti affrontano gli aspetti medici del problema, curando lo stato di salute fisica generale e, quando siano individuate, le cause organiche degli acufeni, mentre gli psicologi si occupano della qualità della vita. Infatti, nonostante gli acufeni non siano un problema prettamente psicologico, molte ricerche attuali dimostrano come gli approcci psicologici in generale, e la CBT in particolare, contribuiscano significativamente alla gestione di questo sintomo invisibile riducendo la sofferenza e migliorando la qualità di vita del paziente[1].

1.2 Sensi ed emozioni: partner nel processo di percezione

Gli acufeni sono sia un'esperienza sensoriale *sia* una sensazione alla quale le persone reagiscono, proprio come il dolore. Quando avete dolore, siete coscienti dell'e-

---

[1] Le ricerche più recenti d'altra parte, dimostrano che la base organica sia degli acufeni sia della CBT è la neuroplasticità cerebrale: il cervello cambia struttura e funzione in continuazione sia in senso negativo producendo acufeni cronici, sia in senso positivo cancellandoli. In altri termini la CBT cerca di "sovrascrivere" emozioni positive o neutre su una corteccia cerebrale acustica che produce emozioni negative (gli acufeni) con un processo simile a quello che operiamo quando cancelliamo o modifichiamo un file nel nostro PC (N.d.C.).

sperienza fisica *e* sensoriale del dolore stesso. Per descriverlo usate *lacerante, bruciante, noioso* e *violento*. Ma reagite al dolore anche in un senso emotivo, il che si riflette nell'uso di altri aggettivi come *lancinante, insopportabile, straziante*, e della parola *supplizio*. Notate come i termini di questa seconda lista abbiano una valenza emotiva e siano usati per descrivere anche altre esperienze spiacevoli perché sottolineano in maniera chiara gli aspetti negativi delle esperienze delle persone.

Gli acufeni, come il dolore, sono un fenomeno sia acustico sia emotivo. I suoni vengono descritti come *fischio, rombo* e *frastuono*; le reazioni come *irritante, insopportabile* e *incontrollabile*. D'altra parte, la percezione del mondo comprende sempre sia una componente sensoriale sia una emotiva ma anche una componente "cognitiva" (il pensiero); in altri termini, le persone riflettono su ciò che vivono ed è il contenuto dei loro pensieri a provocare le reazioni emotive.

1.3 Analogie tra acufeni e dolore

Abbiamo descritto gli acufeni e il dolore in maniera molto simile. Infatti, ci sono molte somiglianze tra le due esperienze. Sia il dolore sia gli acufeni possono evolvere verso un decorso cronico. Per la gestione di entrambe queste condizioni è stata proposta una vasta gamma di trattamenti medici che perlopiù però è efficace solo in una piccola percentuale di casi.

Le conseguenze del dolore e degli acufeni sono parallele: stati emotivi negativi, come ansia, depressione, irritabilità, difficoltà a dormire, e interferenze con le attività di ogni genere, interpersonali, lavorative, legate al tempo libero.

Inoltre, è abbastanza comune per le persone che vivono il dolore o gli acufeni, rimproverare agli altri di non capire il loro problema perché i sintomi sono invisibili.

Tutti questi disturbi hanno un forte impatto sul benessere emotivo del paziente. Attraverso l'uso della CBT sono stati fatti molti progressi nella gestione del dolore cronico, molto è stato appreso sugli aspetti emotivi degli acufeni, il che ha portato allo sviluppo di interventi che hanno dato risultati positivi sul benessere e sulla qualità di vita dei pazienti.

1.4 Problemi comuni associati agli acufeni

Non è una sorpresa il fatto che possiate essere decisamente stressati quando percepite un fischio continuo, o un ronzio, o altri tipi di suoni nelle orecchie o in testa.

Gli effetti precisi che gli acufeni hanno sulle persone variano da un individuo all'altro.

Vi è comunque una serie di problemi comuni riportati da persone che soffrono di acufeni (Fig. 1.1). Alcuni di questi problemi vi possono sembrare familiari. Affrontiamoli un po' più nello specifico.

> **1. Problemi emotivi stressanti**
> - Gli acufeni causano fastidio, tensione, irritabilità, frustrazione, depressione, ira.
> - Gli acufeni peggiorano durante i periodi di stress.
>
> **2. Problemi del sonno**
> - Gli acufeni causano problemi ad addormentarsi.
> - Gli acufeni rendono difficile rimanere addormentati.
>
> **3. Effetti nocivi sull'udito e sulla comunicazione**
> - Gli acufeni rendono difficile seguire conversazioni o sentire ciò che viene detto quando ci sono rumori di sottofondo.
> - Gli acufeni causano problemi negli ambienti silenziosi.
> - Gli acufeni causano problemi nei luoghi rumorosi.
>
> **4. Influenza sulle attività quotidiane e sullo stile di vita**
> - Gli acufeni alterano la capacità di concentrazione nelle attività sia lavorative sia intellettuali in genere.
> - Gli acufeni causano cambiamenti negativi nelle relazioni con coniuge, partner, familiari e amici.
> - Gli acufeni limitano la partecipazione alle attività lavorative, sociali, relazionali.
> - Gli acufeni riducono il piacere prodotto dalle attività lavorative, sociali, relazionali.

Fig. 1.1 Sintesi dei problemi comuni associati agli acufeni

1.5 Udito e comunicazione

Le persone affette da acufeni spesso affermano che il rumore interno riduce la loro capacità di sentire e di percepire alcuni suoni. Una persona potrebbe avere difficoltà a localizzare la fonte dei suoni, a sentire che cosa è stato detto quando è presente un rumore di sottofondo, o a concentrarsi.

La concomitante perdita di udito che spesso causa gli acufeni si somma agli acufeni stessi con un ulteriore peggioramento delle capacità uditive complessive. Questi problemi possono diventare un altro motivo di stress e frustrazione, per cui si smette di partecipare ad attività ed eventi sociali di cui prima si godeva. Andare a feste o frequentare ristoranti e cinema può diventare fonte più di fastidio che di piacere. Questa tendenza alla limitazione sociale può causare un cambiamento in senso negativo dell'umore e generare sentimenti di frustrazione e desolazione. Il capitolo 10 tratterà alcune strategie per superare questo problema.

1.6 Invadenza degli acufeni

Molti si lamentano perché i loro acufeni sono onnipresenti e invadono le loro vite. Spesso affermano di non avere tregua e non riescono nemmeno a sopportare la routine quotidiana. Alcuni dichiarano che gli acufeni interferiscono con la loro capacità di concentrarsi sul posto di lavoro; al contrario, per altri il lavoro è una distrazione.

Le persone differiscono tra loro anche nelle reazioni agli ambienti rumorosi o al silenzio. Molti evitano i luoghi rumorosi, non solo per la difficoltà a sentire ma anche perché in questi posti gli acufeni aumentano d'intensità. Questo effetto viene amplificato quando si passa da un luogo rumoroso a uno silenzioso. Altri, al contrario, evitano i posti silenziosi perché rendono gli acufeni ancora più disturbanti e ricordano loro che hanno perso il piacere del "silenzio". Perciò, partecipare ad attività come camminate nelle foreste o in spiagge deserte possono sembrare meno godibili a causa degli acufeni. Questa questione verrà trattata nel capitolo 10. L'invadenza degli acufeni può essere ridotta seguendo i consigli forniti nel capitolo 7 sul controllo dell'attenzione e dell'immaginazione. Nel capitolo 12 forniremo consigli più specifici su come comportarsi sia nei posti silenziosi sia in quelli rumorosi.

1.7 Paure correlate agli acufeni

Spesso una persona affetta da acufeni teme che questi siano il sintomo di una malattia più grave che possa mettere in pericolo la propria vita, che siano l'inizio della sordità, che possano peggiorare con il tempo. Se avete queste paure i nostri suggerimenti per trattare i "pensieri problematici" vi saranno d'aiuto (vedi capitoli 4 e 5). Possiamo dire con certezza che una visita presso un medico specialista vi può rassicurare sulle vostre condizioni fisiche. Nonostante di solito acufeni e problemi di udito sorgano contemporaneamente, gli acufeni spesso si instaurano anche con una perdita d'udito modesta o come conseguenza normale dell'invecchiamento. Sottolineiamo infine che benché gli acufeni possono essere la conseguenza di una sordità, non ne sono mai la causa.

Nonostante sia vero che gli acufeni qualche volta peggiorano, è vero anche che più spesso si verifica l'opposto. Per la maggior parte delle persone, gli acufeni cambiano con il tempo; ma un peggioramento apparente non è necessariamente un segno che il problema continuerà a peggiorare.

1.8 Irritabilità e aggressività

Molti di coloro che soffrono di acufeni manifestano aggressività, spesso verso le persone che non dimostrano un'adeguata comprensione del loro problema e che perciò non offrono l'aiuto desiderato. Molti pazienti affetti da acufeni lamentano il fatto che gli altri non possono sapere com'è vivere con gli acufeni. Ciò può portare a tensioni nelle relazioni interpersonali con partner, figli, altri familiari e amici. Abbiamo visto molte persone esprimere una rabbiosa sfiducia nei confronti della professione medica, perché non vengono guarite, o nei confronti del governo che non investe maggiormente nella ricerca sugli acufeni. Tutte queste reazioni sono comprensibili, ma portano la persona a spendere energie lottando contro gli acufeni invece di imparare a conviverci. Un certo numero di approcci descritti di seguito, in particolare nel capitolo 12, può essere applicato nella gestione di queste emozioni.

1.9 Depressione

La più comune reazione emotiva agli acufeni è sicuramente la depressione. Con il termine depressione, non ci riferiamo necessariamente a disturbi di ordine psichiatrico, ma a uno stato emotivo negativo.

Le persone si descrivono come tristi, infelici, scoraggiate o miserabili. Può capitare che perdano il loro normale senso del piacere, che siano meno motivate e più pessimiste: tutti sintomi indicatori di depressione.

La depressione spesso ha due aspetti: un senso di perdita di controllo e un senso di disperazione. Per la maggior parte dei soggetti, gli acufeni non sembrano essere controllabili come altri aspetti della loro vita; "ci sono e basta", senza sosta. Quando le persone provano un senso di disperazione, pensano "niente cambierà", "peggiorerà", "non posso vivere con questo rumore". L'approccio principale alla depressione è delineato nei capitoli 4 e 5, dove descriviamo il metodo CBT. Nel capitolo 10 vengono forniti altri suggerimenti.

1.10 Disturbi del sonno

Molti riferiscono che i loro acufeni non sono fastidiosi durante le ore di veglia, ma si lamentano del fatto che disturbano il loro sonno. Alcuni hanno difficoltà ad addormentarsi, mentre altri si svegliano più volte di notte e non riescono più a riprendere sonno. Quando ci si corica, di notte, l'attenzione è spesso rivolta agli acufeni perché c'è silenzio e buio: gli acufeni sembrano forti solo perché occupano tutta l'attenzione disponibile. Così si tenta di contrastarli perché si è infastiditi da essi, ma si finisce per sentirsi sempre più frustrati.

A volte ci si preoccupa anche per le conseguenze di una notte insonne sulle attività del giorno seguente. A questo punto si innesca un circolo vizioso perché l'inevitabile fatica e la stanchezza rendono più difficile sopportare gli acufeni.

L'insonnia dunque può anche essere associata a un ventaglio di stati emotivi negativi quali irritabilità, tensione, ansia, depressione.

A confermare come le reazioni agli acufeni differiscano da paziente a paziente, o da momento a momento, ci sono persone che trovano nel sonno la loro via di fuga dagli acufeni!

Se avete problemi di sonno, potete impiegare una serie di tecniche illustrate in questo libro. A questo, che è un problema molto diffuso, dedichiamo più specificatamente il capitolo 12.

1.11 Una panoramica sui problemi correlati agli acufeni

Abbiano visto che sono molti i problemi causati dagli acufeni, al di là del rumore stesso. Distinguiamo l'esperienza sensoriale degli acufeni (il suono stesso) e la risposta a essi. Nella Figura 1.2 presentiamo una panoramica del modo in cui gli acufeni causano angoscia e altri disagi: il che spiega il processo attraverso il quale gli acufeni possono dare vita a stress emotivo e ad altri disturbi.

A molte persone che soffrono di acufeni, sembra talvolta di avere un problema opprimente. È possibile che sia più difficile avere a che fare con gli acufeni quando si è sotto stress, o quando si è preoccupati di qualcosa, o quando si è depressi o semplicemente giù di tono.

Gli acufeni possono anche essere causa di stress in situazioni specifiche, come al momento di addormentarsi, o quando bisogna socializzare in ambienti rumorosi, o si è in luoghi silenziosi, o ci si vuole rilassare, o bisogna concentrarsi su qualcosa. In questi momenti, gli acufeni possono essere più fastidiosi e stressanti. Come molti altri che soffrono di acufeni, potreste pensare tra voi: "Come posso continuare a vivere con questo problema?", "Sta peggiorando, nessuno può aiutarmi!", "Nessuno mi capisce!". Pensieri del genere sono molto negativi e angoscianti e possono generare sensazioni sempre più pessimistiche. Queste reazioni possono rendere gli acufeni ancora più insopportabili così da farvi raggiungere intensi livelli d'angoscia.

Può instaurarsi un circolo vizioso. È possibile che avvertiate un senso di perdita di controllo sugli acufeni e che cominciate a sentirvi travolti da emozioni e pensieri negativi; evitate attività sociali o ricreative, o altri impegni. Ciò può dare la sensazione che gli acufeni stiano sconvolgendo l'intera vostra vita.

Inoltre, evitare le attività ricreative, sociali o lavorative significa avere ancora più tempo per concentrarsi solo sugli acufeni. Questo investimento "negativo" di tempo fa sì che si avvertano i vari disagi emotivi in maniera ancora più forte: il circolo vizioso rischia di avvolgersi in una spirale continua!

Adottare questo approccio nei confronti degli acufeni può essere pericoloso e rischia di provocare un senso di scoraggiamento, di vulnerabilità e stress, il che non permette di affrontare gli acufeni in una maniera costruttiva.

A un certo punto, questa spirale deve essere riportata sotto il nostro controllo.

Ora, se soffrite di acufeni e state leggendo questo libro, presumibilmente state cercando un approccio alternativo.

Vi mostreremo in che cosa consiste questo approccio dopo che avremo risposto ad alcune domande comuni sui vari aspetti degli acufeni.

1.12 Imparare a convivere con gli acufeni: invertire la spirale

In questo libro vi daremo alcune istruzioni circa una serie di tecniche di autocontrollo che possono essere usate per cominciare ad affrontare gli acufeni in maniera attiva.

Per voi sarà importante assumere nei confronti dei vostri acufeni atteggiamenti

1.12 Imparare a convivere con gli acufeni: invertire la spirale

ACUFENI CRONICI

↑↓

Pensieri negativi sugli acufeni
"Come posso vivere con questo problema?"
"Il rumore sta diventando più forte."
"Nessuno può aiutarmi."

↑↓

Effetti emotivi
Cattivo umore
Depressione
Irritabilità
Ansietà
Frustrazione
Tensione
Rabbia
Senso di impotenza

↑↓

Disturbi dello stile di vita
Evitare eventi/attività piacevoli
Difficoltà di comunicazione
Restrizioni sociali
Sonno disturbato
Fraintendimenti/equivoci/difficoltà nella vita di relazione
Difficoltà in ambienti rumorosi e in ambienti silenziosi
Difficoltà sul posto lavoro

↑↓

STRESS

Fig. 1.2 Panoramica dei problemi correlati agli acufeni

positivi che vi impediscano di "perdervi" nel problema: potete anzi imparare a prenderne il controllo! Le tecniche vi aiuteranno a ridimensionare ogni emozione angosciosa e a minimizzare l'impatto degli acufeni sul vostro stile di vita.

Questo libro è concepito per offrirvi informazioni pratiche su come attuare un approccio su misura per voi per gestire i vostri acufeni e i problemi correlati. Passo dopo passo vi saranno fornite istruzioni specifiche. Gli aspetti considerati nei prossimi capitoli riguardano:

- *L'origine degli acufeni*
Nel prossimo capitolo saranno presentati alcuni dati oggettivi sugli acufeni. Descriveremo che cosa sono, riporteremo alcuni termini comuni con cui i pazienti li descrivono, parleremo delle cause e illustreremo alcuni trattamenti medici e audiologici.

- *Come valutare l'effetto degli acufeni*
Nel capitolo 3 delineeremo alcuni esercizi pratici per aiutarvi a comprendere come gli acufeni influenzano la vostra vita.

Il primo passo per creare un vostro programma personale sarà quello di capire come gli acufeni hanno modificato le vostre emozioni, i vostri comportamenti, le vostre attività. Per cominciare a rendere positiva la vostra reazione agli acufeni, avete bisogno di identificare che cosa hanno portato di negativo gli acufeni nella vostra vita, il modo in cui vi colpiscono e il modo in cui al momento reagite agli acufeni.

- *Terapia cognitiva*
La terapia cognitiva è un corredo specifico di tecniche dirette ad aiutarvi a cambiare il vostro modo di pensare. Originata dalla teoria cognitiva delle emozioni, spiega come l'influenza di una situazione o di un evento vissuto da una persona derivi dal modo in cui la persona percepisce l'evento, non dall'evento stesso.

La teoria cognitiva era stata originariamente sviluppata come trattamento di stati emotivi quali depressione e ansia. Più recentemente, è stata applicata con successo al dolore cronico e ad altri problemi medici, come gli acufeni.

Secondo la teoria cognitiva, la fonte dell'angoscia per una persona affetta da acufeni risiede nella maniera in cui *percepisce* gli acufeni. Una persona che s'impegna a elaborare pensieri positivi per reagire agli acufeni – come "il suono non mi può far male", "non è piacevole ma posso viverci", o "preferirei che il rumore se ne andasse ma posso controllarlo" – ha meno probabilità di vivere l'angoscia ad alti livelli. D'altra parte, una persona che ha pensieri negativi – come "non posso conviverci", "deve esserci qualcosa di terribilmente sbagliato" o "questo rumore mi farà diventare matto" – sono più soggette a vivere stati emotivi negativi quali ansia, depressione, scoraggiamento.

Potete imparare a identificare il contenuto dei vostri pensieri in risposta agli acufeni e a sviluppare i vostri modi di trattare questi pensieri. Istruzioni specifiche su questo processo verranno fornite nel capitolo 5.

Altri approcci progettati per aiutarvi più direttamente nell'esperienza sensoriale degli acufeni coinvolgono il controllo dell'attenzione e l'allenamento dell'immaginazione (descritti nel capitolo 7). Attraverso questi metodi, potete apprendere altre forme di terapia cognitiva volte ad alterare i processi dell'attenzione attraverso l'immaginazione. Così imparerete come spostare la vostra attenzione dagli acufeni e aumenterete la sensazione di tenerli sotto controllo.

- *Tecniche di rilassamento*
Molte persone che soffrono di acufeni vedono una relazione tra acufeni e livello di stress. Alcuni si lamentano del fatto che gli acufeni li fanno sentire nervosi e tesi. Al-

tri affermano che i loro acufeni peggiorano quando sono affaticati. Le tecniche di rilassamento possono quindi essere sempre utili in generale e, in particolare, nel gestire i problemi del sonno. Una serie di procedure di rilassamento verrà descritta nel capitolo 6.

1.13 Conclusioni

Lo scopo di questo libro è fornire "tecniche di sopravvivenza" fai-da-te per le persone che soffrono di acufeni.

Verranno proposte tecniche derivate dalla terapia cognitivo-comportamentale (CBT) perché la ricerca scientifica ne ha dimostrato l'efficacia nel ridurre l'impatto negativo degli acufeni sulla vita quotidiana e nel consentire di non percepire più gli acufeni come un problema.

È importante ricordare che tutte le tecniche descritte in questo libro richiedono un costante esercizio: solo con l'allenamento si diviene più abili nell'applicazione di questi metodi! Acquisire nuove abilità come imparare a suonare strumenti musicali, praticare sport, usare il computer ecc. implica un periodo di sforzo continuo e motivato. Dovete avvicinarvi all'apprendimento di queste tecniche nello stesso modo. Quanto più eserciterete queste abilità, maggiormente sarete ricompensati.

Per assistervi in questo esercizio, vi abbiamo fornito moduli dettagliati di monitoraggio per registrare i vostri esercizi e i vostri progressi. Vi suggeriamo di scaricare questi moduli dalla piattaforma Springer Extra Materials così da tenere un registro delle vostre sessioni di esercizi e delle abilità che apprenderete.

Le persone che svolgono un allenamento regolare, solitamente riscontrano una notevole riduzione dei problemi correlati agli acufeni. Acquisendo efficaci capacità di reazione, potete cambiare la vostra risposta emotiva agli acufeni. Infine, l'esercizio di queste abilità dovrebbe diventare per voi così automatico, al punto da riuscire quasi a dimenticarvi che state seguendo i consigli di questo libro, e spesso a non sentire più gli acufeni.

Quando vi troverete a consigliare ad altre persone con il vostro stesso problema di provare queste tecniche, allora saprete con certezza di avere fatto notevoli progressi nella gestione degli acufeni.

Qualcosa di più sugli acufeni 2

2.1 Che cosa sono gli acufeni?

La parola tinnitus deriva dal latino *tinnire* che significa "tintinnare o suonare come una campana".

Gli acufeni sono un'esperienza soggettiva per cui si avverte un suono, di solito localizzato nelle orecchie o nella testa, senza che esista un agente fisico esterno che provochi tale suono.

Le persone usano un'ampia gamma di termini comuni per descriverli: *ronzio, fischio, rumore del mare, clic, pulsazioni, tintinnio, bombardamento, cinguettio, eco, rumore d'insetti, note musicali, corso d'acqua impetuoso, fischiettio, gemito* e *mormorio*.

Il paziente può percepire un suono o più suoni, in un orecchio solo o in entrambi, oppure nella testa, da diverse parti o, infine, può avere la sensazione che questo suono sia nell'ambiente.

Gli acufeni possono essere costanti oppure variare con il tempo, diventare più forti o più deboli nelle diverse ore del giorno o secondo l'intensità dei rumori di sottofondo, oppure nel tempo, nel corso dei mesi o degli anni.

2.2 Quanto sono diffusi gli acufeni?

Dal 6% al 17% della popolazione riferisce di percepire acufeni in modo relativamente continuo. All'incirca l'1-2% della popolazione prova notevoli disagi per questo disturbo. Persone di tutte le età possono soffrire di acufeni, anche i bambini[1]. L'inciden-

---

[1] Raj-Koziak D, Piłka A, Bartnik G, Fabijańska A, Kochanek K, Skarzyński H (2011) The prevalence of tinnitus in 7-year-old children in the eastern of Poland. Otolaryngol Pol; 65:106-109.

Acufeni. Jane L. Henry, Peter H. Wilson
© Springer-Verlag Italia 2012

za degli acufeni che, fino all'età di 30-40 anni è relativamente bassa, aumenta dopo i 40 anni. Nella maggior parte degli individui, gli acufeni sono associati ad altri disturbi dell'udito, come per esempio un calo dell'udito, anche se lieve.

2.3 Quali sono le cause degli acufeni?

Molto spesso gli acufeni sono causati dall'ambiente che ci circonda. La prolungata e/o ripetuta esposizione al rumore derivante da una gran varietà di attività di svago (discoteche, concerti...) o lavorative (officine meccaniche, presse, carpenterie ecc.) è una delle cause più comuni di acufeni.

Andare a concerti di musica rock, ascoltare il lettore MP3 in cuffia ad alto volume[2] e sparare sono fonti potenziali di esposizione al rumore.

L'esposizione al rumore derivante dal lavoro può includere lavorare con macchinari, come martelli pneumatici o trapani elettrici, così come usare le cuffie e persino suonare strumenti musicali in un'orchestra o in una band.

La professione militare è un'altra fonte potenziale di esposizione al rumore.

I danni al sistema uditivo possono derivare da esposizione cronica a rumore o da un trauma acustico singolo, per esempio un'esplosione o un rumore improvviso di attrezzature difettose.

Una seconda causa comune certa per gli acufeni è la perdita d'udito nelle frequenze alte associata all'avanzare dell'età, conosciuta come presbiacusia[3].

Gli acufeni possono associarsi ad altri sintomi di sofferenza dell'orecchio. Per esempio, la sindrome di Menière è caratterizzata da vertigini improvvise, perdita d'udito, acufeni e sensazione di pressione nell'orecchio.

Molti farmaci producono acufeni come effetto collaterale indesiderato. Chinina e altre cure antimalariche, così come alte dosi d'aspirina, possono produrre acufeni temporanei e calo dell'udito. Anche alcuni diuretici, antibiotici, antidepressivi possono essere ototossici, cioè causare un danno all'orecchio interno e quindi provocare acufeni.

Tra le altre sostanze associabili all'insorgenza di acufeni ricordiamo il sale, la nicotina, l'alcol, la caffeina, l'acqua tonica e i metalli pesanti, come nei casi di avvelenamento da piombo o da mercurio.

Gli acufeni possono anche dipendere da malattie generali come disturbi cardiovascolari, arteriosclerosi, tiroidite, ipo- o ipertiroidismo, diabete, disturbi della masticazione con serramento cronico notturno o bruxismo, tumori cerebrali e neurinomi del nervo acustico.

Infine, traumi cranici derivanti da incidenti d'auto, colpi di frusta, o commozione cerebrale possono produrre acufeni transitori o cronici.

---

[2] Figueiredo RR, Azevedo AA, Oliveira PM, Amorim SP, Rios AG, Baptista V (2011) Incidence of tinnitus in MP3 player users. Braz J Otorhinolaryngol 77:293-298.
[3] Fujii K, Nagata C, Nakamura K, Kawachi T, Takatsuka N, Oba S, Shimizu H (2011) Prevalence of Tinnitus in Community-Dwelling Japanese Adults. J Epidemiol 21:299-304. Epub Jun 4.

2.4 Quali cure esistono per gli acufeni?

I trattamenti possibili sono diversi. Tutte le persone che soffrono di acufeni devono sottoporsi alla visita di uno specialista (otorinolaringoiatra o audiologo), il quale identifica eventuali malattie che possono essere curate con farmaci o interventi chirurgici (es. otosclerosi). La visita deve essere seguita da una valutazione accurata della funzione uditiva e delle caratteristiche fisiche degli acufeni (acufenometria, cioè identificazione dell'altezza e dell'intensità), da parte del medico o di un suo tecnico audiometrista. Questa valutazione è necessaria per stabilire se sussiste una sordità e se gli acufeni possano essere alleviati con protesi acustiche o con "generatori di suono".

2.4.1 Trattamenti medici

Per i pazienti i cui acufeni derivano da malattie certamente identificate (ipertensione, diabete, ipertiroidismo, sindrome di Menière), il trattamento della patologia può guarire gli acufeni o comunque ridurne l'impatto sul paziente.

Effettivamente però, per molte persone, non è possibile identificare una causa precisa, anche se si può supporre che, nella maggior parte dei casi, ci sia un danno alle cosiddette cellule cigliate della coclea, collocata all'interno dell'orecchio[4].

I farmaci utilizzati per curare gli acufeni sono soprattutto il cortisone e gli anestetici (anche iniettati direttamente nell'orecchio), gli anticonvulsivanti e i vasodilatatori.

Gli interventi chirurgici servono per lo più a correggere i processi o i disturbi di fondo correlabili agli acufeni come l'otosclerosi o il neurinoma dell'acustico.

Sono state utilizzate anche stimolazioni elettriche dell'articolazione temporo-mandibolare o il laser dell'orecchio o, in caso di sordità profonda, gli impianti cocleari.

Nonostante le cure farmacologiche e fisiche e gli interventi chirurgici siano risultati utili in alcuni pazienti, non c'è una cura specifica o un intervento medico che possa essere raccomandato universalmente come *trattamento per gli acufeni*[5].

---

[4] Anche se il danno iniziale riguarda la coclea o il nervo acustico, le ricerche attuali hanno dimostrato che gli acufeni derivano sempre da un adattamento plastico "negativo" delle vie acustiche centrali e della corteccia acustica: si instaura un fenomeno denominato "memoria paradossa"; il cervello cioè mantiene la memoria di un suono patologico prodottosi nella coclea o in altra parte del Sistema Uditivo in seguito a una intossicazione, un trauma acustico acuto o cronico, una malattia, anche se la malattia iniziale è guarita, l'intossicazione risolta, i farmaci dannosi sospesi. Cfr. Norena AJ (2010) An integrative model of tinnitus based on a central gain controlling neural sensitivity. Neuroscience and Biobehavioral Reviews 10:345-353; Kaltenbach JA (2011) Tinnitus: Models and mechanisms. Hearing Research 276: 52-60 (N.d.C.).

[5] Hoare DJ, Kowalkowski VL, Kang S, Hall DA (2011) Systematic review and meta-analyses of randomized controlled trials examining tinnitus management. Laryngoscope 121:1555-1564.

2.4.2 Trattamenti audiologici

Gli approcci audiologici per la cura degli acufeni prevedono l'uso di "generatori di suoni", apparecchi acustici e combinazioni di entrambi i tipi di strumenti (conosciuti come *tinnitus instruments,* strumenti per gli acufeni). I "generatori di suoni" sono piccoli strumenti, simili a un apparecchio acustico, che trasmettono suoni all'orecchio per coprire gli acufeni (mascheratori) o ridurne la percezione (miscelatori).

I "generatori di suoni" possono anche essere "ambientali", cioè posizionati in casa, generalmente in camera da letto, in modo da aumentare con un suono esterno il rumore di fondo, tramite suoni accettabili dal soggetto che, con il tempo, impara a ignorare sia il rumore esterno del "generatore" sia il rumore interno degli acufeni. In genere i "generatori di suoni" danno sollievo alla maggior parte dei pazienti[6].

Alcuni pazienti utilizzano come fonti naturali di suono che danno sollievo ai loro acufeni il rumore dei ventilatori elettrici, la musica o anche solo il rumore che l'elettricità statica provoca in una radiolina quando è fuori sintonia, tra una stazione FM e l'altra.

Questa semplice operazione può offrire un mascheramento sufficiente quando se ne sente il bisogno (es. prima di dormire o nei momenti di concentrazione) e spesso evita il bisogno di trattamenti più intensi.

Anche l'apparecchio acustico in caso di concomitante ipoacusia può sortire effetti benefici perché amplifica i rumori di sottofondo facilitando il mascheramento degli acufeni.

Poiché in molti casi i pazienti con ipoacusia sono ancora più in difficoltà nelle conversazioni per il sovrapporsi dell'effetto distorcente degli acufeni, il recupero dell'udito attraverso l'uso di un apparecchio acustico può migliorare la capacità di capire e di essere quindi più partecipi socialmente.

Una discussione approfondita dei trattamenti medici, chirurgici e audiologici utilizzati per la cura degli acufeni non è argomento di questo libro. Per questo motivo ribadiamo che è fondamentale per chiunque soffra di acufeni la consulenza di uno specialista il quale affronti le problematiche relative al caso specifico.

2.5 Conclusioni

In questo capitolo abbiamo presentato alcune informazioni di base che riguardano gli acufeni. Quando vi siete accorti per la prima volta di avere gli acufeni, è possi-

---

[6] L'uso dei "generatori di suoni" ambientali o endoauricolari è abitualmente combinato con la CBT seguendo un programma denominato *Tinnitus Retraining Treatment* (TRT). La TRT è stata proposta da Jastreboff ed è attualmente riconosciuta nel mondo come la variante della CBT più diffusa ed efficace. Le ricerche recenti hanno comunque evidenziato che non ci sono significative differenze nell'utilizzare come fonte sonora dei "generatori" personalizzati (come una protesi acustica) o un lettore MP3 che riproduce, a basso volume, in continuazione, i rumori della natura come le onde, il vento, il ruscello ecc. (N.d.C.).

bile che siate rimasti perplessi sulla natura e sulle cause di questi suoni.

Se non avete trovato esaurienti le spiegazioni di questo capitolo vi suggeriamo di discutere il vostro problema con uno specialista di fiducia: per acquisire nuove ed efficaci abilità di autocontrollo dei vostri acufeni, dovete dapprima capire e rimuovere le cause e le concause dei vostri acufeni e dei disturbi a essi correlati.

Il prossimo capitolo vi aiuterà a valutare l'impatto degli acufeni sulle vostre emozioni, sui vostri pensieri, sulle vostre attività.

I capitoli successivi vi forniranno le istruzioni per praticare valide tecniche con cui imparare a gestire gli acufeni e i problemi a essi correlati.

Come valutare i vostri acufeni: quanto vi disturbano? 3

Nel capitolo 1 abbiamo preso in considerazione i problemi più comuni associati agli acufeni: stress emotivo, problemi del sonno, limitazione delle attività sociali e di svago, problemi di concentrazione.

La risposta dei vari soggetti agli acufeni è molto variabile. Pertanto valutare in che modo specifico gli acufeni influenzano la vostra vita e le vostre emozioni è il primo, più importante passo per "costruire" il vostro personale programma di gestione dei vostri acufeni.

In questo capitolo vi proponiamo alcuni esercizi di autovalutazione per capire l'impatto che gli acufeni hanno sulle vostre emozioni e sui vostri comportamenti, pensieri e benessere. Questi esercizi richiedono un po' del vostro tempo, ma questa raccolta di informazioni è molto importante per il successo del programma. D'altra parte, se consultaste uno psicologo, questo tipo di test verrebbe eseguito all'inizio della relazione. Crediamo che, con queste linee guida, molti lettori saranno in grado di compiere questa valutazione da soli e di iniziare quindi autonomamente il processo di autogestione del problema.

Attraverso il processo di automonitoraggio, otterrete anche una migliore comprensione del modo in cui le tecniche specifiche proposte in questo libro possono essere applicate nel vostro caso.

Le informazioni che raccoglierete con gli esercizi di autovalutazione vi aiuteranno a identificare esattamente su quali aree avete bisogno di concentrarvi e dove cominciare il vostro personale programma di autogestione.

3.1   Esercizio di autovalutazione 1: quanto vi disturbano gli acufeni?

Il questionario sulle reazioni agli acufeni (*Tinnitus Reaction Questionnaire*, TRQ) proposto nella Figura 3.1 serve a valutare le difficoltà specifiche che potreste affrontare come conseguenza degli acufeni. Gli argomenti del questionario coprono una varietà di effetti che gli acufeni possono avere su emozioni, stile di vita e benessere generale. Il TRQ è stato ampiamente utilizzato nelle nostre ricerche.

Per ogni punto barrate una sola scelta.
Punteggio: mai = 0; raramente = 1; qualche volta = 2; frequentemente = 3; quasi sempre = 4

1. I vostri acufeni vi fanno sentire infelici?
   mai ❏ raramente ❏ qualche volta ❏ frequentemente ❏ quasi sempre ❏

2. I vostri acufeni vi fanno sentire tesi?
   mai ❏ raramente ❏ qualche volta ❏ frequentemente ❏ quasi sempre ❏

3. I vostri acufeni vi fanno sentire irritabili?
   mai ❏ raramente ❏ qualche volta ❏ frequentemente ❏ quasi sempre ❏

4. I vostri acufeni vi fanno sentire adirati?
   mai ❏ raramente ❏ qualche volta ❏ frequentemente ❏ quasi sempre ❏

5. I vostri acufeni vi fanno piangere?
   mai ❏ raramente ❏ qualche volta ❏ frequentemente ❏ quasi sempre ❏

6. I vostri acufeni vi portano a evitare gli ambienti tranquilli?
   mai ❏ raramente ❏ qualche volta ❏ frequentemente ❏ quasi sempre ❏

7. I vostri acufeni vi fanno sentire meno interessati a ciò che avviene?
   mai ❏ raramente ❏ qualche volta ❏ frequentemente ❏ quasi sempre ❏

8. I vostri acufeni vi fanno sentire depressi?
   mai ❏ raramente ❏ qualche volta ❏ frequentemente ❏ quasi sempre ❏

9. I vostri acufeni vi fanno sentire annoiati?
   mai ❏ raramente ❏ qualche volta ❏ frequentemente ❏ quasi sempre ❏

10. I vostri acufeni vi fanno sentire confusi?
    mai ❏ raramente ❏ qualche volta ❏ frequentemente ❏ quasi sempre ❏

11. I vostri acufeni vi "fanno diventare matti"?
    mai ❏ raramente ❏ qualche volta ❏ frequentemente ❏ quasi sempre ❏

12. I vostri acufeni interferiscono con le gioie della vita?
    mai ❏ raramente ❏ qualche volta ❏ frequentemente ❏ quasi sempre ❏

13. I vostri acufeni rendono difficile concentrarsi?
    mai ❏ raramente ❏ qualche volta ❏ frequentemente ❏ quasi sempre ❏

14. I vostri acufeni rendono difficile rilassarsi.
    mai ❏ raramente ❏ qualche volta ❏ frequentemente ❏ quasi sempre ❏

15. I vostri acufeni vi fanno sentire stressati?
    mai ❏ raramente ❏ qualche volta ❏ frequentemente ❏ quasi sempre ❏

16. I vostri acufeni vi fanno sentire senza aiuto?
    mai ❏ raramente ❏ qualche volta ❏ frequentemente ❏ quasi sempre ❏

(cont. →)

Fig. 3.1 Questionario sulle reazioni agli acufeni (*Tinnitus Reaction Questionnaire*, TRQ)

Fig. 3.1 (*continua*)

17. I vostri acufeni vi fanno sentire frustrati nella vita quotidiana?
    mai ❑ raramente ❑ qualche volta ❑ frequentemente ❑ quasi sempre ❑
18. I vostri acufeni interferiscono con le attività lavorative?
    mai ❑ raramente ❑ qualche volta ❑ frequentemente ❑ quasi sempre ❑
19. I vostri acufeni vi portano a disperarvi?
    mai ❑ raramente ❑ qualche volta ❑ frequentemente ❑ quasi sempre ❑
20. I vostri acufeni vi fanno evitare gli ambienti rumorosi?
    mai ❑ raramente ❑ qualche volta ❑ frequentemente ❑ quasi sempre ❑
21. I vostri acufeni vi fanno evitare riunioni o altri eventi sociali?
    mai ❑ raramente ❑ qualche volta ❑ frequentemente ❑ quasi sempre ❑
22. I vostri acufeni vi fanno sentire senza speranza per il futuro?
    mai ❑ raramente ❑ qualche volta ❑ frequentemente ❑ quasi sempre ❑
23. I vostri acufeni interferiscono con il sonno?
    mai ❑ raramente ❑ qualche volta ❑ frequentemente ❑ quasi sempre ❑
24. I vostri acufeni vi fanno pensare al suicidio?
    mai ❑ raramente ❑ qualche volta ❑ frequentemente ❑ quasi sempre ❑
25. I vostri acufeni vi provocano panico?
    mai ❑ raramente ❑ qualche volta ❑ frequentemente ❑ quasi sempre ❑
26. I vostri acufeni vi fanno sentire tormentati?
    mai ❑ raramente ❑ qualche volta ❑ frequentemente ❑ quasi sempre ❑

3.1.1 Che cosa potete apprendere dal questionario sulle reazioni agli acufeni?

Per ottenere il punteggio totale nel questionario sulle reazioni agli acufeni, dovete semplicemente sommare tutti i punteggi relativi alle risposte che avete barrato. Prima siate sicuri di avere barrato un numero solo per ogni situazione. Ora sommate i numeri. I punteggi possibili vanno da 0 a 104.

Se il vostro punteggio è tra 0 e 16, state gestendo molto bene i vostri acufeni. Se il vostro punteggio è superiore a 16, probabilmente vi farà bene leggere questo libro e, soprattutto, consultare uno specialista se pensate di non riuscire ad affrontare da soli gli acufeni. Potreste portare questo libro con voi al medico che vi visiterà. Le idee di questo libro possono rientrare anche in un trattamento strutturato di un medico o di uno psicologo.

Ora esaminate attentamente le singole situazioni del questionario. Poiché l'interpretazione di ogni singola situazione può essere diversa da una volta con l'altra, anche se spesso il punteggio totale rimane invariato, potete ripetere questo test più volte in giorni diversi per verificare quanto siano coerenti le vostre risposte.

Le situazioni da 1 a 5, da 8 a 11, da 14 a 17,19, 22 e 24 e 26 possono essere sommate per ottenere un punteggio che riflette la *reazione emotiva* agli acufeni. Queste domande riguardano emozioni diverse, tra cui depressione, ansia e irritabilità. Se vivete molte di queste situazioni, troverete utili le tecniche descritte nei capitoli 4 e 5 per ridurre i sintomi dello stress emotivo. Questi trattamenti possono accompagnare le tecniche di rilassamento per lo stress, l'ansia e la tensione del capitolo 6.

Le situazioni 6, 7, 12, 13, 18, 20 e 21 riguardano l'*interferenza*, vale a dire quanto gli acufeni interferiscono con lavoro, situazioni sociali e attività ricreative. Se vivete molte di queste situazioni, vi consigliamo di prestare particolare attenzione al capitolo 10, che descrive alcune modalità utili ad aumentare la vostra partecipazione agli eventi piacevoli.

La situazione 23 riguarda i problemi del *sonno*. Se avete ottenuto un punteggio di 3 o 4 in questa singola situazione, è utile esaminare il vostro sonno più approfonditamente utilizzando l'apposito modulo riportato in questo capitolo. A seconda del risultato, potete trovare utile il materiale su terapia cognitiva, controllo dell'attenzione e rilassamento, specialmente per affrontare i problemi del sonno (vedi i capitoli da 4 a 7). Ulteriori suggerimenti per migliorare la natura del vostro sonno si trovano nel capitolo 12. Le situazioni 22 e 24 toccano il problema della *disperazione*. Se avete ottenuto un punteggio di 3 o 4 in una o in entrambe le domande, vi suggeriamo di considerare la possibilità di rivolgervi a uno psichiatra soprattutto se avete anche ottenuto un alto punteggio totale nel test.

3.2 Esercizio di autovalutazione 2: in che modo gli acufeni influenzano il vostro umore?

Un altro metodo per raccogliere valide informazioni relativamente al modo in cui gli acufeni influenzano umore, benessere e routine quotidiana è quello di tenere un diario. Usate il diario quotidiano degli acufeni riportato nella Figura 3.2 per completare l'esercizio di autovalutazione numero 2. La Figura 3.3 descrive come potete utilizzare le informazioni che raccogliete tenendo un diario quotidiano degli acufeni.

Per ogni punto barrate una sola scelta.

Giorno ....

1. Oggi, ho notato gli acufeni per:
❏ niente ❏ poco tempo ❏ un po' di tempo ❏ una buona parte del tempo ❏ quasi tutto il tempo

2. Oggi, l'intensità più forte degli acufeni era:
❏ nulla ❏ molto debole ❏ moderatamente forte ❏ molto forte ❏ estremamente forte

3. C'è stata una situazione o un periodo di tempo in cui gli acufeni sono stati molto percepibili? Se sì, scrivete scendendo nei dettagli:
....
....
....

(cont.→)

Fig. 3.2 Esercizio di autovalutazione 2: diario quotidiano degli acufeni. Modulo disponibile sulla piattaforma Springer Extra Materials, vedi pag. 141

Fig. 3.2 (*continua*)

---

4. Oggi gli acufeni mi hanno disturbato, infastidito:
❏ per niente ❏ un poco ❏ moderatamente ❏ molto ❏ estremamente

5. Oggi gli acufeni mi hanno reso teso o stressato:
❏ per niente ❏ un poco ❏ moderatamente ❏ molto ❏ estremamente

6. Oggi gli acufeni mi hanno reso irritabile o arrabbiato:
❏ per niente ❏ un poco ❏ moderatamente ❏ molto ❏ estremamente

---

Quando esaminate le informazioni che avete registrato nel vostro diario potete considerare diversi aspetti:

1. In quali modi specifici gli acufeni influenzano il vostro umore?
....
....
....

2. Vi fanno sentire tesi o stressati? Se sì, potreste trarre beneficio dalla lettura del materiale sulle tecniche di rilassamento descritte nel capitolo 6.

3. Producono altri sintomi di stress emotivo (es. essere infastiditi, irritabili, aggressivi)? Se sì, le tecniche di rilassamento possono essere usate con i metodi cognitivi descritti nei capitoli 4 e 5 e con altre strategie descritte in questo libro.

4. Ci sono fatti specifici della vostra giornata che cambiano la vostra percezione degli acufeni? (Alcuni esempi possono essere: gli acufeni sono peggiori quando siete stanchi, quando vi sentite giù di tono, quando avete troppo da fare, quando lavorate ecc.). Provate a identificare le caratteristiche e a descriverle di seguito:
....
....
....

5. Ci sono specifiche situazioni in cui gli acufeni sono più percepibili? (Alcuni esempi possono essere: "gli acufeni sono più percepibili in un ambiente rumoroso, quando sto cercando di concentrarmi su qualche cosa, quando vivo una situazione di stress". Se sì, elencatele di seguito:
....
....
....

Nel capitolo 9 "Affrontare situazioni ad alto rischio" vi suggeriamo alcune strategie che possono essere utili per affrontare situazioni problematiche. Una combinazione delle tecniche descritte nei capitoli da 4 a 8 può aiutarvi ad affrontare efficacemente queste situazioni specifiche.

6. Ci sono particolari momenti della giornata in cui i vostri acufeni sono più percepibili? Per esempio, potreste percepire gli acufeni come peggiori al mattino quando cercate di occuparvi di molte cose, come preparare la colazione, fare da mangiare per i figli, dare da mangiare al cane, prepararvi per andare a lavorare, affrontare il traffico dell'ora di punta, portare i figli a scuola e così via. Al contrario, potrebbero essere peggiori durante i momenti tranquilli della giornata come quando andate a letto e provate ad addormentarvi, o quando vi rilassate. Se individuate un periodo specifico della giornata in cui gli acufeni sono peggiori, provate a capire esattamente che cosa succede in questi momenti e scrivetene i dettagli nello spazio sottostante:
....
....

(*cont.* →)

Fig. 3.3 Come usare le informazioni riportate nel vostro diario quotidiano degli acufeni

Fig. 3.3 (*continua*)

> ....
> ....
> Una combinazione delle tecniche di autocontrollo descritte nei capitoli da 4 a 9 dovrebbe esservi d'aiuto; inoltre nel capitolo 12 trovate alcuni consigli per affrontare gli ambienti silenziosi e il sonno.
>
> **7.** Notate se gli acufeni sono peggiori in certi giorni della settimana? Se sì, pensate a che cosa succede in quei giorni. Ci sono particolari eventi che capitano in questi giorni che possono rendere le cose peggiori? (Per esempio, potreste notare che gli acufeni sono peggiori di lunedì, in quanto la vostra settimana lavorativa comincia con un incontro stressante con il vostro supervisore per discutere gli obiettivi della settimana; oppure sono peggiori di mercoledì quando avete sempre appuntamenti in sequenza, o possono essere peggiori in certi giorni in cui avete compiti specifici da svolgere, o dovete interagire con persone specifiche.) Ora, provate a descrivere qui sotto gli eventi specifici che capitano in questi giorni in cui gli acufeni sono peggiori:
> ....
> ....
> ....
>
> **8.** Gli acufeni sono peggiori durante la settimana rispetto al weekend? Se sì, perché è così? Per esempio, è perché nel weekend vi sentite più rilassati, godete di attività più piacevoli e non avete tanta pressione come nel resto della settimana? Provate a individuare alcune ragioni e scrivetele qui di seguito:
> ....
> ....
> ....
>
> **9.** Gli acufeni migliorano durante la settimana, rispetto al weekend? Se sì, perché è così? Per esempio, è perché durante la settimana siete troppo occupati per notare gli acufeni, avete troppe distrazioni durante la settimana, o non fate molto nel weekend così c'è più tempo in cui vi concentrate sugli acufeni? Provate a individuare alcune ragioni e scrivetele nello spazio sottostante:
> ....
> ....
>
> **10.** Oltre che per trovare i fattori che rendono peggiori gli acufeni, potete usare il diario anche per individuare quali fattori li rendono più sopportabili. Alcuni esempi: quando avete visto la partita di calcio non eravate disturbati dagli acufeni, quando stavate ascoltando musica al concerto non avete notato gli acufeni, quando state bene in generale, gli acufeni non sono un problema. Osservate più da vicino quei giorni in cui non notavate gli acufeni, quando non erano particolarmente intensi, o non vi davano problemi. Ripensate a quei giorni. Che cosa stavate facendo? Come vi sentivate? Perché pensate fossero dei bei giorni? Che cosa avete fatto di specifico da farvi sentire meglio?
> ....
> ....
> ....

3.3 Esercizio di autovalutazione 3: in che modo gli acufeni influenzano il vostro sonno?

Uno dei disagi più comuni riportati da chi soffre di acufeni è il disturbo del sonno. Alcuni riferiscono di avere problemi ad addormentarsi, altri che si addormentano senza grossi problemi ma poi si svegliano più volte durante la notte; e ancora, altri dicono che il sonno è la loro unica via di fuga da quel rumore continuo che è l'acufene. Per valutare se gli acufeni influenzano o meno il vostro sonno, completate il diario del sonno della Figura 3.4. Vi suggeriamo di tenere il diario vicino al letto e di compilarlo appena vi alzate la mattina. Provate a scriverlo per un paio di settimane consecutive.

Il vostro diario dovrebbe darvi le informazioni necessarie per rispondere alle domande della Figura 3.5. L'allenamento al rilassamento e i metodi di controllo dell'attenzione descritti nei capitoli 6 e 7 potrebbero esservi utili specialmente se soffrite di disturbi del sonno. Anche i metodi cognitivi potrebbero risultare molto utili (vedi capitoli 4 e 5). Nel capitolo 12 vi offriamo alcuni consigli più specifici che hanno a che fare con il dormire poco.

Per ogni punto barrate una sola scelta.

Giorno..

1. Quanto è stato difficile addormentarvi la scorsa notte?
❏ per niente difficile ❏ un po' difficile ❏ leggermente difficile ❏ abbastanza difficile ❏ molto difficile

2. Se avete avuto problemi ad addormentarvi, è stato:
❏ principalmente a causa degli acufeni ❏ parzialmente a causa degli acufeni ❏ per altri motivi

3. Quanto profondo è stato il vostro sonno?
❏ per niente ❏ un poco ❏ a sufficienza ❏ abbastanza ❏ molto

4. Se il sonno è stato profondo, è stato:
❏ principalmente a causa degli acufeni ❏ parzialmente a causa degli acufeni ❏ per altri motivi

5. Se il vostro sonno è stato interrotto durante la notte a causa degli acufeni, che pensieri avevate per la testa in questi momenti? Scriveteli nello spazio sottostante:
....
....
....

Fig. 3.4 Esercizio di autovalutazione 3: diario del sonno. Modulo disponibile sulla piattaforma Springer Extra Materials, vedi pag. 141

Usate le informazioni che avete raccolto nel vostro diario del sonno per rispondere alle seguenti domande:

1. I vostri acufeni vi creano difficoltà ad addormentarvi?
....

2. Quanto tempo impiegate ad addormentarvi, in una "buona" notte?
....

3. Il vostro sonno è interrotto dagli acufeni durante la notte? Se sì, quanto spesso?
....

4. Come vi sentite quando vi svegliate con dei forti acufeni?
....

(cont. →)

Fig. 3.5 Come gli acufeni influenzano il vostro sonno?

Fig. 3.5 (*continua*)

> **5.** Che pensieri avete quando vi svegliate e sentite gli acufeni?
> ....
>
> **6.** Ricordate di avere avuto difficoltà ad addormentarvi prima che cominciaste a soffrire di acufeni?
> ....

3.4 Esercizio di autovalutazione 4: che tipo di pensieri avete quando avvertite gli acufeni?

Abbiamo già sottolineato la connessione importante tra il modo in cui le persone reagiscono agli acufeni e il loro stato emotivo. Una strategia molto importante per gestire gli acufeni è imparare a controllare i pensieri negativi automatici (vedi capitoli 4 e 5).

Il primo passo per imparare a controllare il vostro modo di pensare è prendere coscienza dei tipi di pensieri che formulate quando avvertite gli acufeni.

Viene presentato di seguito il questionario sugli aspetti cognitivi degli acufeni (*Tinnitus Cognitive Questionnaire*, TCQ). Leggete le istruzioni e completatelo per mettere a fuoco i pensieri che potreste avere come reazione agli acufeni. (Fig. 3.6).

> **Per ogni pensiero barrate una sola scelta.**
> Punteggio: mai = 0; raramente = 1; qualche volta = 2; frequentemente = 3; quasi sempre = 4
>
> ***Questi sono i pensieri negativi che i vostri acufeni potrebbero suscitarvi:***
>
> **1.** Io penso: "Se solo il rumore se ne andasse via".
> mai ❏ raramente ❏ qualche volta ❏ frequentemente ❏ quasi sempre ❏
>
> **2.** Io penso: "Perché proprio a me? Perché devo soffrire di questo terribile rumore?".
> mai ❏ raramente ❏ qualche volta ❏ frequentemente ❏ quasi sempre ❏
>
> **3.** Io penso: "Che cosa ho fatto per meritarmi questo?."
> mai ❏ raramente ❏ qualche volta ❏ frequentemente ❏ quasi sempre ❏
>
> **4.** Io penso: "Gli acufeni rendono la mia vita insopportabile".
> mai ❏ raramente ❏ qualche volta ❏ frequentemente ❏ quasi sempre ❏
>
> **5.** Io penso: "Nessuno capisce quanto sia brutto questo rumore".
> mai ❏ raramente ❏ qualche volta ❏ frequentemente ❏ quasi sempre ❏
>
> **6.** Io penso: "Se solo potessi avere pace e quiete!".
> mai ❏ raramente ❏ qualche volta ❏ frequentemente ❏ quasi sempre ❏
>
> **7.** Io penso: "Non posso divertirmi come vorrei a causa degli acufeni".
> mai ❏ raramente ❏ qualche volta ❏ frequentemente ❏ quasi sempre ❏
>
> **8.** Io penso: "Come potrò liberarmi dagli acufeni?!".
> mai ❏ raramente ❏ qualche volta ❏ frequentemente ❏ quasi sempre ❏
>
> (*cont.*→)

Fig. 3.6 Questionario sugli aspetti cognitivi degli acufeni (*Tinnitus Cognitive Questionnaire*, TCQ)

Fig. 3.6 (*continua*)

9. Io penso: "Questi acufeni mi fanno impazzire!".
mai ❑ raramente ❑ qualche volta ❑ frequentemente ❑ quasi sempre ❑

10. Io penso: "Perché nessuno può aiutarmi?!".
mai ❑ raramente ❑ qualche volta ❑ frequentemente ❑ quasi sempre ❑

11. Io penso: "Gli acufeni non miglioreranno mai!".
mai ❑ raramente ❑ qualche volta ❑ frequentemente ❑ quasi sempre ❑

12. Io penso: "Gli acufeni mi annienteranno!".
mai ❑ raramente ❑ qualche volta ❑ frequentemente ❑ quasi sempre ❑

13. Io penso: "Con questi acufeni la mia vita non è più vita!".
mai ❑ raramente ❑ qualche volta ❑ frequentemente ❑ quasi sempre ❑

Questi sono i pensieri positivi che potreste formulare per quanto riguarda i vostri acufeni:

14. Io penso: "Nessun problema per questi spiacevoli acufeni, posso farcela!".
mai ❑ raramente ❑ qualche volta ❑ frequentemente ❑ quasi sempre ❑

15. Io penso: "Gli acufeni sono spiacevoli ma non mi faranno impazzire".
mai ❑ raramente ❑ qualche volta ❑ frequentemente ❑ quasi sempre ❑

16. Io penso: "Potrò gioire maggiormente delle cose se mi distrarrò dagli acufeni".
mai ❑ raramente ❑ qualche volta ❑ frequentemente ❑ quasi sempre ❑

17. Io penso: "Non sono la sola persona con gli acufeni".
mai ❑ raramente ❑ qualche volta ❑ frequentemente ❑ quasi sempre ❑

18. Io penso: "Nella vita c'è di peggio!".
mai ❑ raramente ❑ qualche volta ❑ frequentemente ❑ quasi sempre ❑

19. Io penso: "Gli acufeni saranno meno noiosi se cercherò di distrarmi".
mai ❑ raramente ❑ qualche volta ❑ frequentemente ❑ quasi sempre ❑

20. Io penso: "Sono riuscito a farcela finora, ce la farò ancora!".
mai ❑ raramente ❑ qualche volta ❑ frequentemente ❑ quasi sempre ❑

21. Io penso "Mi aiuterà pensare a qualcosa di piacevole!".
mai ❑ raramente ❑ qualche volta ❑ frequentemente ❑ quasi sempre ❑

22. Io penso: "Posso imparare a convivere con questi acufeni".
mai ❑ raramente ❑ qualche volta ❑ frequentemente ❑ quasi sempre ❑

23. Io penso: "Gli acufeni possono esserci ma rimangono altre cose di cui gioire!".
mai ❑ raramente ❑ qualche volta ❑ frequentemente ❑ quasi sempre ❑

24. Io penso: "Meglio pensare a qualcos'altro che agli acufeni!".
mai ❑ raramente ❑ qualche volta ❑ frequentemente ❑ quasi sempre ❑

25. Io penso: "Non dovrò pensare agli acufeni".
mai ❑ raramente ❑ qualche volta ❑ frequentemente ❑ quasi sempre ❑

26. Io penso: "Gli acufeni sono una seccatura ma non voglio che mi disturbino!".
mai ❑ raramente ❑ qualche volta ❑ frequentemente ❑ quasi sempre ❑

3.4.1 Come utilizzare il questionario sugli aspetti cognitivi degli acufeni (TCQ)?

Potete calcolare i due punteggi separati del TCQ, uno per i pensieri negativi e uno per quelli positivi. Innanzitutto, assicuratevi di avere barrato una scelta (e solo una) per ognuno dei 26 pensieri. Per i pensieri negativi (domande da 1 a 13), sommate i numeri corrispondenti alla risposta che avete segnato. I possibili punteggi variano da 0 a 52. Ora, sommate tutti i numeri anche per i pensieri positivi (domande da 14 a 26).

Un punteggio di 23 di solito è nella media. Il risultato ideale di risposta sarebbe un punteggio basso nella categoria dei pensieri negativi e un punteggio alto in quella dei pensieri positivi. Ci sono molte possibili categorie di risposte al TCQ. Un punteggio alto nella categoria dei pensieri negativi e un punteggio basso in quella dei pensieri positivi indica che pensate molto agli acufeni, il che è non è costruttivo.

Una quantità equilibrata di pensieri negativi e positivi suggerirebbe che (1) cercate di ridurre i pensieri negativi dedicandovi a pensieri positivi, oppure (2) vi trovate a pensare più negativamente o più positivamente a seconda delle occasioni. In ognuno di questi casi, potreste essere sulla strada che stiamo delineando in questo libro.

Se le vostre risposte rivelano che tendete ad avere un elevato numero di pensieri negativi, vi raccomandiamo di leggere con particolare attenzione i prossimi due capitoli che mostrano come potete gestire i pensieri negativi e cambiare il modo in cui reagite agli acufeni.

3.5 Esercizio di autovalutazione 5: fino a che punto gli acufeni interferiscono con le vostre attività quotidiane?

Molti si lamentano del fatto che gli acufeni interferiscono troppo con le loro attività quotidiane (es. svago, attività sociali o occupazionali) o li portano a evitarne altre (es. ambienti affollati, ambienti tranquilli ecc.). Pertanto, un altro aspetto che avete bisogno di considerare è se alcune vostre attività sono influenzate dagli acufeni.

La Figura 3.7 presenta alcune domande a proposito dell'impatto degli acufeni sul livello delle vostre attività.

Nel capitolo 10 descriviamo alcuni metodi per aumentare la vostra partecipazione ad attività piacevoli così da ridurre l'impatto degli acufeni sul vostro stile di vita. Nel capitolo 12 vi offriamo alcuni consigli specifici utili per quando vi trovate sia in ambienti affollati sia in ambienti tranquilli.

Leggete ognuna delle seguenti domande. Elencate tutte le vostre attività quotidiane che possono essere disturbate dagli acufeni. Per ognuna delle attività identificate, indicate quanto frequentemente questo problema si presenta e provate a individuare le ragioni per cui si presenta.

1. Fino a che punto una vostra attività di svago o di lavoro è disturbata dagli acufeni? Esempi:
- Non riesco a concentrarmi al computer per lunghi periodi di tempo; *(cont.→)*

Fig. 3.7 Esercizio di autovalutazione 5: fino a che punto gli acufeni interferiscono con le vostre attività quotidiane?

Fig. 3.7 (*continua*)

- Evito di andare ai concerti;
- Devo prendermi delle pause frequenti al lavoro;
- Non suono più il mio strumento musicale.

....
....
....
....

2. Decidete di non andare da qualche parte a causa degli acufeni?
Esempi:
- Non vado più a vedere film e concerti;
- Se i miei acufeni peggiorano annullo ogni impegno sociale;
- Quando i miei acufeni sono intensi è possibile che non vada a lavorare.

....
....
....
....

3. Decidete di non fare qualcosa a causa degli acufeni?
Esempi:
- Quando i miei acufeni sono fastidiosi evito di fare tutto;
- Se i miei acufeni peggiorano evito di stare con i miei amici perché loro non mi capiscono;
- Faccio uno sforzo considerevole per evitare gli ambienti affollati, musica ad alto volume, traffico intenso, macchinari rumorosi.

....
....
....

4. Gli acufeni vi fanno evitare situazioni rumorose?
Esempi:
- Evito club affollati e bar;
- Evito di andare in treno o in aereo;
- No, cerco posti pieni di rumore di sottofondo per mascherare i miei acufeni.

....
....
....

5. Gli acufeni vi fanno evitare ambienti tranquilli?
Esempi:
- Devo sempre avere del rumore di sottofondo; la radio o un ventilatore elettrico aiutano;
- Di notte accendo il mio lettore MP3.

....
....
....

3.6 Conclusioni

Ora avete fatto il primo passo nella costruzione del vostro personale programma di autogestione.

Le informazioni che avete raccolto completando gli esercizi di questo capitolo dovrebbero darvi un'immagine chiara del modo in cui gli acufeni vi hanno influenzato, in termini di umore, pensieri negativi, disturbi del sonno, attività e così via.

Nel prossimo capitolo, portiamo questo livello di analisi a un passo successivo. In particolare, esamineremo l'influenza che ha il vostro modo di pensare agli acufeni sul modo in cui vivete.

Pensieri ed emozioni

4

Un'altra giornata infernale! Voglio solo stendermi e rilassarmi. Innanzitutto controllerò la posta. Probabilmente solo bollette. Questo sembra essere un biglietto. Chissà chi l'ha mandato? È da parte di Giovanni! Che piacevole sorpresa! Non mi aspettavo si ricordasse del mio compleanno... è così bello essere a casa... Ehi! Cos'era quel rumore? Sembra che ci sia qualcuno in casa: e se fosse un ladro?

4.1   La teoria cognitiva delle emozioni

La *teoria cognitiva* sostiene che le emozioni (felicità, depressione, irritazione, colpa, paura ecc.) derivino dal contenuto specifico dei pensieri che occupano la mente delle persone di momento in momento. Ognuno ha di questi pensieri: sarebbe insolito se non pensassimo a nulla durante le nostre attività quotidiane. Il brano citato ne è un chiaro esempio.

Nell'esempio, la persona riferisce di sentire un rumore in casa e di pensare, "E se fosse un ladro?". Che tipo di emozioni può avere questa persona in questo momento? Paura? È molto probabile... Quando trova inaspettatamente il biglietto di auguri nella posta, pensa: "Che piacevole sorpresa!". Di che emozione si tratta? Probabilmente felicità. Diciamo "probabilmente" perché non sempre lo stesso evento ha lo stesso effetto. La differenza di pensieri determina la differenza tra le persone. Qualcun altro, ricevendo un biglietto di auguri, potrebbe pensare: "Giovanni me l'ha mandato solo per ricordarmi che mi sono dimenticato di mandargli gli auguri per il suo compleanno; me lo sta rinfacciando". Costui potrebbe in effetti essere irritato nel ricevere questo biglietto.

Nel corso della giornata una persona vive una serie di eventi. Per esempio, la radio della sveglia si accende, vi alzate dal letto, fate colazione, il telefono suona, perdete il treno, il vostro incontro di affari ha successo, condividete delle barzellette con

A = la situazione o l'evento vissuto

↓

si presume porti direttamente a

↓

C = sentimenti, emozioni e comportamenti

Pensate alcuni A che avete vissuto oggi e scriveteli:
....
....
....
....
....
....

Ora per ogni situazione (A) che avete vissuto, descrivete come l'evento/la situazione vi ha fatto sentire (C):
....
....
....
....
....
....

Fig. 4.1 Dalla situazione (A) all'emozione (C)

un amico, perdete le chiavi e così via. Durante la giornata una persona vive i vari eventi secondo il modo in cui si sente: può essere irritabile, felice, infastidito, triste, ansioso, compiaciuto.

La maggior parte delle persone è convinta che i cambiamenti del proprio stato emotivo siano un diretto risultato degli eventi stessi. Usiamo il simbolo **A** per rappresentare le situazioni che una persona vive e il simbolo **C** per i sentimenti, le emozioni e i comportamenti. Questo modello è descritto nella Figura 4.1.

Si può notare che spesso esiste una relazione tra gli eventi che accadono e il modo in cui ci si sente: perdete le chiavi e vi sentite irritabili o infastiditi; condividete una barzelletta con un amico e vi sentite felici. In altri momenti il vostro stato emotivo muta in modo appena percepibile: a volte potete notare un cambiamento nel vostro umore, ma può essere difficile individuarne la causa. La teoria cognitiva è importante perché suggerisce che, in certe situazioni, dovremmo esaminare i nostri pensieri per trovare la chiave delle nostre emozioni.

In un giorno qualsiasi è possibile che non viviate nessun evento significativo, come vincere alla lotteria o prendere una multa per eccesso di velocità. Tuttavia, qualsiasi evento può scatenare un mutamento nel vostro stato emotivo. A volte, potete trovarvi a vivere reazioni emotive troppo forti in relazione a una situazione particolare o a un evento. Per esempio, un giorno potreste notare di essere molto irritati per avere perso le chiavi e in un altro momento questo stesso fatto potrebbe non importarvi più di tanto. A volte alcuni fatti che non infastidiscono voi possano provocare forti reazioni emotive in un'altra persona.

Come possono essere spiegate queste differenze? La teoria cognitiva delle emozioni asserisce che l'influenza di un evento, di una situazione sui sentimenti di una persona, sulle emozioni, sui comportamenti si manifesta secondo il modo in cui la persona pensa, in risposta a ogni evento che vive. Perciò, ogni situazione che vivete durante la giornata può scatenare pensieri spontanei o *automatici* (parole, frasi, affermazioni del sé, immagini mentali) che, a turno, indurranno cambiamenti nel vostro stato emotivo.

Ogni volta che vi svegliate sentirete un insieme di pensieri che invade la vostra testa. A questi pensieri ci riferiremo con il termine *pensieri automatici*. Essi possono essere divisi in tre categorie: neutri, positivi, negativi.

1. *I pensieri automatici neutri* di solito non hanno un effetto significativo sulle vostre emozioni, sentimenti, o comportamenti (es. "Quale CD ascolto?", "Che cosa mangio a pranzo?").
2. *I pensieri automatici negativi* tendono ad avere effetti negativi, pessimistici, stressanti sulle vostre emozioni e sui vostri sentimenti e comportamenti (es. "Non ce la faccio", "Sono senza speranza", "Che casino"). Pensieri del genere possono rendervi ansiosi, incerti, inadeguati, frustrati, miserabili. Pensieri iniziali negativi possono far sorgere altri pensieri, che, a turno, aumentano di negatività. Può essere difficile fermare questi pensieri negativi e gli stati emotivi negativi che producono potrebbero diventare sempre più profondi.
3. *I pensieri automatici positivi* tendono ad avere un effetto positivo, ottimistico o rassicurante sulle emozioni, sui sentimenti e sui comportamenti (es. "Ho fatto un gran bel lavoro", "Me lo sono davvero goduto il film", "Ce la posso fare"). Pensieri del genere possono farvi sentire felici, fiduciosi, capaci, sicuri di voi.

Il modello descritto nella Figura 4.1, che da **A** conduce a **C**, non tiene conto della natura dei pensieri (tra cui credenze, percezioni, aspettative) che una persona può avere in reazione a ogni situazione o a ogni evento che vive. La teoria cognitiva asserisce che i pensieri (**B**) intervengono tra i punti A e C. Il modello A-B-C è descritto nella Figura 4.2.

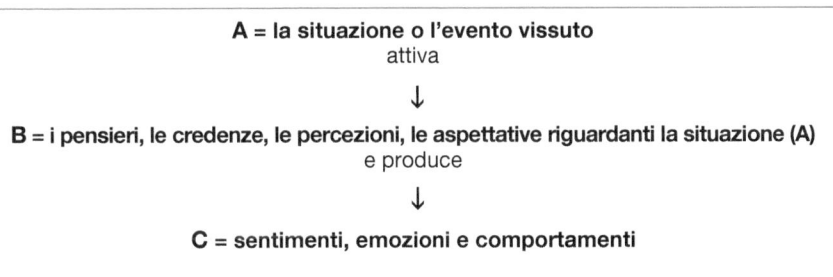

Fig. 4.2 Il modello A-B-C

4.2 Il modello A-B-C

Scopo del modello A-B-C è illustrare la relazione tra situazioni ed eventi che viviamo, pensieri e reazioni emotive. In particolare, A si riferisce alle situazioni o agli eventi, B si riferisce ai pensieri, alle convinzioni, alle percezioni, alle aspettative che potrebbero verificarsi in relazione alla situazione A, e C si riferisce allo stato emotivo. È importante riconoscere che le lettere A, B, C sono solo dei simboli con nessun altro significato se non il fatto di essere un'abbreviazione.

Consideriamo un esempio generale del modello A-B-C descritto nella Figura 4.3. In questo esempio, una persona sta aspettando un'amica in ritardo di mezz'ora.

È importante notare in questo esempio che la situazione o evento (A) rimane identico, ma la conseguenza emotiva (C) differisce secondo il contenuto dei pensieri (B). Secondo la teoria cognitiva delle emozioni, la conseguenza emotiva (C) è il risultato del contenuto dei pensieri (B), *non dell'evento stesso* (A). Data la natura della situazione (aspettare un amico in ritardo), potrebbero verificarsi reazioni sia negative sia positive. Gli stessi principi applicati agli stati emotivi negativi sono validi per gli stati emozionali positivi. In altri termini, il buonumore può essere il risultato di pensieri positivi o costruttivi sugli eventi quotidiani.

A = situazione, evento	B = pensieri e convinzioni	C = conseguenze emotive
Aspettare un'amica in ritardo di mezz'ora	"Non le importa niente, se così fosse sarebbe puntuale"	Trascuratezza, depressione
Aspettare un'amica in ritardo di mezz'ora	"Non vedo l'ora che arrivi"	Felicità, eccitazione
Aspettare un'amica in ritardo di mezz'ora	"Spero non sia successo niente"	Preoccupazione, ansia
Aspettare un'amica in ritardo di mezz'ora	"È sempre in ritardo"	Comprensione, tolleranza

Fig. 4.3 Esempio di modello A-B-C

4.3 Esercizio di autovalutazione 6: mettere in pratica il modello A-B-C

Osserviamo gli esercizi forniti nella Figura 4.4. Nel primo esercizio vi è la descrizione di una situazione (A) e alcuni possibili pensieri in risposta alla situazione (B). Ora provate a individuare le possibili conseguenze emotive e completate la colonna C. Nel secondo esercizio, viene nuovamente descritta una situazione (A) e alcune potenziali conseguenze emotive (C). Questa volta provate a individuare alcuni possibili pensieri (sia positivi sia negativi) nella colonna B. Nel terzo e nel quarto esercizio vi è la descrizione di una situazione (A). Ora provate a fornire due esempi di potenziali pensieri positivi e due di potenziali pensieri negativi (B) e i loro possibili effetti emotivi (C). Notate che il quarto esercizio descrive una situazione potenzialmente positiva (ricevere complimenti al lavoro), ma è possibile pensare in maniera negativa anche in questo tipo di situazione.

Esercizio 1: completate la colonna C

A = situazione, evento	B = pensieri e convinzioni	C = conseguenze emotive
Essere in ritardo per un appuntamento	"Sono disperato"	....
Essere in ritardo per un appuntamento	"Non è colpa mia se c'è il traffico!"	....
Essere in ritardo per un appuntamento	"Non è la fine del mondo!"	....
Essere in ritardo per un appuntamento	"Non faccio mai niente di giusto"	....

Esercizio 2: completate la colonna B

A = situazione, evento	B = pensieri e convinzioni	C = conseguenze emotive
Perdere le chiavi	....	Accettazione, mancanza di preoccupazione/serenità d'animo
Perdere le chiavi	....	Essere irritati, adirati, furiosi
Perdere le chiavi	....	Disperato, stupido
Perdere le chiavi	....	Preoccupato, impaurito

Esercizio 3: individuate due pensieri positivi e due pensieri negativi in B, e la loro conseguenza emotiva in C

A = situazione, evento	B = pensieri e convinzioni	C = conseguenze emotive
Aspettare in coda	....	....
Aspettare in coda	....	....
Aspettare in coda	....	....
Aspettare in coda	....	....

Esercizio 4: individuate due pensieri positivi e due negativi per B, e la loro potenziale conseguenza emotiva in C

A = situazione, evento	B = pensieri e convinzioni	C = conseguenze emotive
Ricevere complimenti al lavoro	....	....
Ricevere complimenti al lavoro	....	....
Ricevere complimenti al lavoro	....	....
Ricevere complimenti al lavoro	....	....

Fig. 4.4 Esercizio di autovalutazione 6: mettere in pratica il modello A-B-C

4.4 Estendere il modello A-B-C agli acufeni

Capire quali sono le reazioni emotive agli eventi che viviamo quotidianamente (cioè, la terapia cognitiva delle emozioni, o il modello A-B-C) può servire anche nel caso degli acufeni. Consideriamo il modo in cui le persone pensano i *suoni* in generale. La maggior parte delle persone sente i suoni come parte della routine quotidiana: il canto degli uccelli sugli alberi, il traffico, la televisione, la radio, il vento, i netturbini, i grandi macchinari, i lavori di costruzione, le sirene, i ventilatori elettrici, i computer, la musica, le conversazioni, le risate ecc.

Le persone spesso non notano i suoni fino a che non vi si concentrano. L'attenzione si rivolge ai suoni ambientali quando in qualche modo cambiano, o perché qualcuno ne ha parlato, o perché hanno un significato speciale (es. sentire il proprio nome durante una conversazione a una festa o essere chiamati da un amico).

4.5 Esercizio di autovalutazione 7: applicare il modello A-B-C ai suoni

Ora provate l'esercizio descritto nella Figura 4.5. Immaginate la situazione (A) in cui sentite un forte rumore nella notte.

Che cosa potreste pensare in risposta a questa situazione (B)?

Come vi sentireste (C)?

La Figura 4.6 riporta alcuni esempi di risposta alla situazione (A) e alcune possibili conseguenze emotive. È importante riconoscere che in questo esempio la situazione (A) rimane la stessa, ma a seconda dei contenuti dei pensieri in B, vi può essere una diversa conseguenza emotiva in C. Ora provate a creare altri due esempi, uno che descriva una conseguenza emotiva negativa e una che descriva una conseguenza emotiva positiva.

Ogni situazione o evento che una persona vive (A), compreso un suono, può portare ad alcuni pensieri (B), che, a turno, possono produrre risposte emotive (C), variabili secondo il contenuto dei pensieri (B). Gli acufeni possono essere visti come un suono (A) al quale una persona reagisce in modi diversi, specialmente quando varia in intensità o in altre caratteristiche. Leggete gli esempi del modello A-B-C legati agli acufeni, descritti nella Figura 4.6.

Notate che la situazione (A) rimane identica, ma, al variare del contenuto dei pensieri in B, la conseguenza emotiva è differente. Non è la situazione (A) a cui una persona è esposta che la porta a sentirsi in un certo modo (C). Ancor più importante è sottolineare che è ciò che una persona pensa di sé (B) ad avere una forte influenza sulle sue emozioni e sui suoi sentimenti (C). Come raffigurato nella Figura 4.7, gli acufeni possono essere visti come un evento (A) a cui una persona reagisce con pensieri o affermazioni di autoaffermazione o convinzioni (B), che possono portare ad alcuni stati emotivi (C).

4.5 Esercizio di autovalutazione 7: applicare il modello A-B-C ai suoni

A = situazione, evento	B = pensieri e convinzioni	C = conseguenze emotive
Sentire un rumore forte di notte	"C'è un ladro in casa!"	Ansia, paura
Sentire un rumore forte di notte	"Devo avere lasciato aperta la porta di nuovo."	Irritazione
Sentire un rumore forte di notte	"È ancora il cane!"	Fastidio
Sentire un rumore forte di notte	"È solo il vento."	Neutralità
Sentire un rumore forte di notte	....	....
Sentire un rumore forte di notte	....	....
Sentire un rumore forte di notte	....	....

Fig. 4.5 Esercizio di autovalutazione 7: applicare il modello A-B-C ai suoni

Esempio 1

A = situazione, evento	B = pensieri e convinzioni	C = conseguenze emotive
Soffrire di acufeni	"Perché io? Che cosa ho fatto per meritarmi questo?"	Frustrazione, disperazione
Soffrire di acufeni	"Questo rumore mi fa impazzire!"	Sfiducia, depressione
Soffrire di acufeni	"Posso controllarlo."	Sicurezza di sé, fiducia
Soffrire di acufeni	"Non ce la faccio."	Rassegnazione, tristezza
Soffrire di acufeni	"Il rumore non è piacevole ma posso farcela!"	Speranza, controllo
Soffrire di acufeni	"Il rumore è un bel problema, ma ci sono molte cose nella vita che riesco a godermi!"	Accettazione, ottimismo

Esempio 2

A = situazione, evento	B = pensieri e convinzioni	C = conseguenze emotive
Invito a una festa	"Mi peggiorerà gli acufeni."	Sconforto, rassegnazione
Invito a una festa	"Sarà rumoroso e non sentirò niente di quello che diranno."	Frustrazione, tensione
Invito a una festa	"Questo mi distrarrà dagli acufeni."	Speranza, eccitazione
Invito a una festa	"Gli acufeni possono essere un fastidio, ma posso comunque godermela."	Accettazione, ottimismo
Invito a una festa	"In un posto rumoroso gli acufeni sono un po' più forti, ma tutto dovrebbe andare a posto."	Rassicurazione, positività

Fig. 4.6 Esempi del modello A-B-C legati agli acufeni

```
A = situazione: soffrire di acufeni
              attiva
                ↓
B = pensieri, convinzioni, percezioni e aspettative sul soffrire di acufeni
              e produce
                ↓
    C = emozioni, sentimenti e comportamenti
```

Fig. 4.7 Il modello A-B-C applicato agli acufeni

4.6 Caratteristiche del pensiero automatico

Ci sono alcune caratteristiche del pensiero automatico che vorremmo sottolineare. I pensieri automatici sono:
1. caratterizzati da scarsa consapevolezza;
2. altamente credibili;
3. apparentemente fuori dal nostro diretto controllo.

In altri termini, le persone spesso non sono consce del contenuto dei loro pensieri a meno che non abbiano l'opportunità di fermarsi e di concentrarsi su di essi[1].

Le persone possono essere influenzate dal loro contenuto al punto da sviluppare una certa reazione emotiva, senza necessariamente essere consce del contenuto stesso. Tendono anche a credere ai loro pensieri senza dubitare affatto delle loro basi. I loro pensieri sono la loro realtà. Tuttavia, sarebbe sorprendente se i pensieri di tutti fossero accurate percezioni di un evento! Ricordate le volte in cui avete avuto determinati pensieri su un evento, per scoprire più tardi che non erano corretti? A volte, i pensieri sono precisi, e in altri momenti possono essere parzialmente o totalmente erronei. Provate a ricordare un particolare evento (es. il rimprovero ricevuto da un amico) e le emozioni che avete provato (es. delusione): non ricorderete i pensieri che avevate in quel momento (es. "L'ha detto deliberatamente per ferirmi!"): l'emozione rimane ma il pensiero evapora come il contenuto dei sogni.

Spesso, un pensiero tende a scatenare un altro pensiero dello stesso tipo. Il processo può divenire un po' come una *registrazione danneggiata* che ripete sempre le stesse sequenze. In altri termini, un pensiero negativo o non costruttivo può portare

---

[1] I recenti studi di neurobiologia indicano che le emozioni sono spesso "automatiche" perché certi eventi attivano in modo inconscio il cosiddetto "cervello emotivo", costituito da ipotalamo, insula e amigdala. In questa parte del cervello sono memorizzate le reazioni emotive a eventi significativi del passato. Nel caso degli acufeni in questa sede rimangono memorizzate le sensazioni provate quando il guasto dell'apparato acustico ha causato i primi acufeni. Le sensazioni rimangono anche se l'evento che le ha provocate non esiste più: si tratta della cosiddetta memoria paradossa. Le tecniche descritte in questo libro, attraverso la neuroplasticità cerebrale, possono, con pazienza, cambiare questa memorizzazione proprio come quando aggiorniamo o modifichiamo un file nel nostro computer (N.d.C.).

a una serie di pensieri simili e a un progressivo aggravarsi degli stati emotivi negativi (spirale negativa).

4.7 Esercizio di autovalutazione 8: quali sono gli effetti dei pensieri automatici negativi?

Per comprendere alcuni effetti dei pensieri negativi sulle vostre reazioni agli acufeni, consideriamo l'esercizio pratico che descriviamo nella Figura 4.8 la quale elenca un certo numero di esempi di pensieri comuni sugli acufeni che le persone hanno descritto in alcuni dei nostri gruppi.

Leggiamo gli esempi e poi consideriamo alcune possibili conseguenze emotive.

Alcune possibili emozioni in risposta all'esercizio della Figura 4.8 possono generare sconforto, rassegnazione, irritazione, autocommiserazione, frustrazione e stress. È comprensibile che una persona che deve sopportare il suono costante degli acufeni possa nutrire tali pensieri negativi. Ma questa reazione in risposta complica ulteriormente il problema e produce:

- Conseguenze emotive negative e stressanti (es. sentimenti di disperazione, frustrazione, aggressività, irritabilità, depressione ecc.).
- Un circolo vizioso: i pensieri negativi sugli acufeni possono portare a emozioni negative e a una maggiore attenzione agli acufeni, il che dà ulteriore spazio a pensieri negativi, stress e così via.

Alcuni esempi di reazioni comuni agli acufeni:
B = pensieri
1. Perché io? Perché devo soffrire per questo rumore?
2. Non riesco a farcela con questo suono!
3. Questo ronzio mi rovina tutto!
4. Non è giusto! Questo rumore mi farà impazzire!
5. Prima che avessi gli acufeni tutto andava bene; ora tutto è terribile!
6. Gli acufeni stanno diventando più forti!
7. Non lo sopporto!

Considerate le conseguenze emotive di una persona che nutre questi pensieri in risposta agli acufeni. Se doveste avere questi pensieri come vi sentireste?
C = emozioni
1. ....
2. ....
3. ....
4. ....
5. ....
6. ....
7. ....

Fig. 4.8 Esercizio di autovalutazione 8: quali sono gli effetti dei pensieri automatici negativi?

- Immersione totale nel problema "soffrire di acufeni". Molte persone dichiarano che quando gli acufeni sono particolarmente fastidiosi hanno difficoltà a dirigere la loro attenzione su qualcos'altro. La ricerca sul dolore cronico indica che concentrare l'attenzione sul dolore innalza il livello del dolore e dello stress associato. È probabile che sia così anche con gli acufeni.
- La rinuncia a impegni sociali, di lavoro, alle attività che di solito danno un senso di pienezza, soddisfazione e piacere. Ciò causa restrizioni della routine quotidiana e dello stile di vita e diminuisce l'opportunità di essere distratti dagli acufeni.
- Una riduzione della capacità stessa di convivere con gli acufeni.

4.8 Cambiare il modo di pensare in risposta agli acufeni

Pensare negativamente può produrre effetti distruttivi sulle emozioni, sui comportamenti e sul benessere psicologico. Se avete la tendenza a pensare in maniera negativa, particolarmente per quanto riguarda gli acufeni, allora questo processo distruttivo prodotto dai pensieri negativi può essere invertito *imparando a cambiare il contenuto delle vostre reazioni*. Gli acufeni possono essere ancora presenti, ma potete apprendere alcune modalità per reagire positivamente.

Per imparare a pensare in maniera costruttiva dovete seguire 7 passi essenziali:
1. Riconoscete l'impatto dei vostri pensieri, delle situazioni e degli eventi che vivete su voi stessi, sui vostri sentimenti, sulle vostre emozioni, sui vostri comportamenti.
2. Sintonizzatevi e ascoltate deliberatamente ciò che dite pensando a voi, in particolare quando sentite o forti emozioni negative, come ira o tristezza (a), o forti emozioni positive, come eccitazione e felicità (b).
3. Individuate pensieri positivi, costruttivi, o neutri. Questi pensieri avranno effetti positivi o neutri sui vostri pensieri e sui vostri sentimenti.
4. Individuate pensieri negativi, non costruttivi: essi avranno effetti negativi sui vostri sentimenti e sulle vostre emozioni.
5. Fermate i pensieri negativi. Così facendo potete evitare che questi pensieri agiscano come una registrazione danneggiata che procede in continuazione senza arrestarsi mai.
6. Mettete alla prova la verità e la validità dei vostri pensieri. Non accettate ciecamente i pensieri automatici negativi come veritieri.
7. Sostituite ogni pensiero negativo e non costruttivo che avete individuato con alcuni pensieri positivi.

4.9 Esercizio di autovalutazione 9: essere coscienti della natura dei propri pensieri

Scopo di questo esercizio è aiutarvi a iniziare il processo di terapia cognitiva come descritto nei sette precedenti punti. Questo esercizio vi aiuterà nei punti da 1 a 4: riconoscere la relazione tra pensieri ed emozioni, prendere coscienza del contenuto dei vostri pensieri e imparare a individuare i pensieri automatici negativi.

Nella Figura 4.9 vi forniamo un modulo di registrazione da completare. Leggete le istruzioni e poi cominciate a monitorare il contenuto dei vostri pensieri quotidianamente. Così facendo, avrete fatto i primi passi per imparare a cambiare il vostro modo di pensare in risposta agli acufeni. Nel prossimo capitolo vi forniremo altre tecniche cognitive (gestione del pensiero) per aiutarvi a gestire gli acufeni.

Il modello A-B-C descrive la relazione tra eventi, pensieri ed emozioni. Questo modulo di monitoraggio è creato per assistervi nell'imparare a individuare pensieri automatici negativi che potreste adottare in risposta agli acufeni o ad altri eventi stressanti. Nella colonna A descrivete brevemente la situazione che avete vissuto, nella colonna B scrivete i pensieri che avete individuato e nella colonna C descrivete le emozioni che avete provato. Potete usare questo modulo per monitorare i vostri progressi nell'individuare i pensieri negativi e analizzare la forte relazione tra pensieri ed emozioni.			
Data	A = situazione	B = pensieri	C = emozioni
Esempio	Non riesco a dormire a causa dei forti acufeni	Non riesco a sopportarli	Frustrazione, scoraggiamento, rassegnazione, depressione

Fig. 4.9 Esercizio di autovalutazione 9: essere coscienti della natura dei propri pensieri. Modulo disponibile sulla piattaforma Springer Extra Materials, vedi pag. 141

4.10 Conclusioni

In questo capitolo abbiamo descritto la teoria cognitiva delle emozioni e il modello A-B-C per illustrare la forte relazione che esiste tra gli eventi che vivete, i vostri pensieri e le vostre reazioni emotive. Spesso le persone reagiscono agli acufeni in modo negativo: "Perché io?", "Questo suono mi farà impazzire!", "Non riesco a sopportare questo rumore.".

Questi pensieri negativi possono dare spazio a emozioni stressanti, sentimenti di disperazione, frustrazione e depressione.

Potete alleviare questi stati emotivi negativi imparando a cambiare il contenuto dei vostri pensieri. Gli acufeni possono essere ancora presenti, ma almeno potete imparare a reagire diversamente di fronte al problema.

Cambiare il modo di pensare gli acufeni 5

Ogni giorno della mia vita sono distrutto dai rumori nella mia testa. Non c'è un giorno che non li abbia. Li odio. Una volta stavo bene, niente di storto. Quando gli acufeni peggiorano mi sento male. Una volta la mia vita andava a gonfie vele, ora questo rumore costante mi ha rovinato. Niente sarà più come prima. Sono così frustrato! Anche in una buona giornata, non riesco a godermi le cose che una volta mi piacevano. Continuo a chiedermi perché sia successo. Perché io? Che cosa ho fatto per meritarmi questo? Qualunque cosa sarebbe meglio piuttosto che continuare ad avere questo suono! Non c'è niente, niente, che possa essere peggiore di questo. Posso anche avere avuto qualche problema in passato, ma questa di certo è la cosa peggiore che abbia mai dovuto sopportare!

Nel capitolo 4 abbiamo visto come i pensieri, le convinzioni e le aspettative che una persona mette in atto in risposta agli acufeni possano avere una forte influenza su emozioni, sentimenti, comportamenti.

I pensieri automatici possono essere classificati come positivi, negativi, o neutri.

I *pensieri positivi* fanno sentire bene e ottimista una persona.

I *pensieri neutri* di solito non hanno effetti significativi sui sentimenti e sulle emozioni di una persona.

I *pensieri negativi* generalmente hanno alcuni effetti distruttivi sui sentimenti, l'umore, le emozioni di una persona.

Purtroppo questo atteggiamento è molto comune.

Nella prima parte di questo capitolo, descriveremo i 12 paradigmi del pensiero negativo.

Descriveremo poi le tecniche di blocco del pensiero e di distrazione che possono essere usate per controllare i pensieri automatici negativi.

Nella parte finale di questo capitolo, introdurremo l'approccio chiamato *ristrutturazione cognitiva*.

5.1   I 12 paradigmi del pensiero negativo

1. Eccessiva generalizzazione
Giungete a una conclusione generale sulla base di un singolo elemento di prova. Se qualcosa di negativo vi è capitato una volta, vi aspettate che accada ancora.

- Esempio generico: Ho sbagliato un goal oggi. Non riuscirò mai a segnare.
- Esempio specifico per gli acufeni: Sono stato sveglio tutta la notte a causa degli acufeni. Sarà lo stesso tutte le notti.

2. Pensare "tutto o niente"
Vedete le cose in categorie distinte: bianco o nero. Le cose sono o buone o cattive, perfette o pessime. Non ci sono sfumature di grigio, non ci sono mezze misure.

- Esempio generico: Ho perso il mio lavoro: ora tutto è un disastro.
- Esempio specifico per gli acufeni: Prima di avere gli acufeni la mia vita era perfetta. Ora, la mia vita è rovinata.

3. Filtraggio
Tendete a selezionare singoli eventi negativi, filtrate tutti gli aspetti positivi e vi abituate solamente a quelli negativi.

- Esempio generico: Nessuno ha finito il dessert. Sembra che il resto del cibo sia piaciuto, ma il dessert ha rovinato l'intera serata.
- Esempio specifico per gli acufeni: Gli acufeni sono peggiori dopo la festa, ho goduto della compagnia ma gli acufeni hanno rovinato tutto.

4. Leggere nella mente altrui o saltare a conclusioni affrettate
Credete di sapere che cosa pensano le persone e perché agiscono in un certo modo, senza che abbiano detto niente o che voi glielo abbiate chiesto.

- Esempio generico: Sono certo che i miei amici mi odiano adesso che non ho prenotato il tavolo al ristorante.
- Esempio specifico per gli acufeni: Quando devo chiedere alle persone di ripetere le cose perché non ci sento bene, sono certo che pensano che io sia un idiota.

5. Enfatizzazione o catastrofizzazione
Vi aspettate il peggio e fate di tutto una tragedia, ingigantendo ogni cosa.

- Esempio generico: Farò una figuraccia e non potrò più mostrarmi in pubblico.
- Esempio specifico per gli acufeni: Gli acufeni sono più forti, diventerò sordo.

6. Minimizzare

Tendete a ridurre l'importanza di un evento positivo, o della vostra forza e delle vostre abilità.

- Esempio generico: Sono un bravo cuoco? E allora? Questo non significa niente!
- Esempio specifico per gli acufeni: Sono riuscito a gestire gli acufeni oggi? Ma è stato solo un caso!

7. Personalizzazione

Tendete a incolparvi per un evento negativo.

- Esempio generico: Quel disaccordo è stato tutta colpa mia.
- Esempio specifico per gli acufeni: Ero così infastidito dagli acufeni che ho rovinato la serata a tutti!

8. Giungere a conclusioni affrettate

Tendete ad arrivare a una conclusione nonostante non ci sia una prova certa di quello che pensate o ci sia un'evidenza del contrario.

- Esempio generico: Il capo può anche avere detto che ho fatto un buon lavoro e agisce in tal senso, ma so che non ho fatto un buon lavoro.
- Esempio specifico per gli acufeni: I test dicono che il mio udito è a posto, ma sono certo che sto diventando sordo.

9. Ragionamento emotivo

Credete che qualunque cosa provate debba essere vera automaticamente. Pensate che se vi sentite male, allora questo sentimento è una spiegazione sicura di come stanno effettivamente le cose.

- Esempio generico: Mi sento stupido! Sono stupido!
- Esempio specifico per gli acufeni: Gli acufeni mi fanno sentire così disperato. Non c'è nessuna speranza!

10. Le affermazioni "dovrebbe"

Avete una lista fissa di regole su come voi e gli altri "dovreste" comportarvi. Se gli altri infrangono queste regole, vi adirate; se siete voi a infrangerle, vi sentite colpevoli.

- Esempio generico: Dovrei essere sempre felice.
- Esempio specifico per gli acufeni: Avere gli acufeni non mi dovrebbe mai intristire.

11. Etichettare

Tendete a generalizzare una o due qualità in un giudizio negativo (questa è una forma estrema di eccessiva generalizzazione).

- Esempio generico: Ho fatto male un lavoro. Sono un perdente assoluto, un caso senza speranza!
- Esempio specifico per gli acufeni: Avere gli acufeni e una perdita dell'udito significa che sono completamente disabile.

12. Incolpare

Credete che le altre persone siano responsabili per tutti i vostri problemi, oppure incolpate voi stessi per i problemi degli altri.

- Esempio generico: Se non fosse stato per le litigate con il mio partner, sarebbe andato tutto bene.
- Esempio specifico per gli acufeni: Non sarei così infastidito dagli acufeni se la mia famiglia mi capisse.

5.2 Imparare a controllare i pensieri negativi

Finora abbiamo osservato la forte influenza dei pensieri sulle emozioni e sui comportamenti di una persona. Abbiamo anche discusso i paradigmi del pensiero negativo.

Come abbiamo spiegato nel capitolo 4, i pensieri sono abbastanza automatici. In altri termini, sono parte di un flusso spontaneo e costante di pensieri che una persona ha durante la giornata. Poiché sono così familiari e abituali, tendono a essere credibili. I pensieri non solo sono abbastanza automatici, ma un pensiero può scatenarne un altro simile. I pensieri e il "parlare da soli" possono diventare come una registrazione danneggiata, che non si ferma mai. Un pensiero negativo può condurre a un altro, che può condurre a un altro e così via.

Nel capitolo 4 abbiamo introdotto il processo di monitoraggio del contenuto dei pensieri in modo da aumentare la vostra abilità a individuare i pensieri automatici negativi appena ne avete coscienza. Un'ulteriore abilità importante coinvolta nell'apprendimento a pensare in un modo costruttivo e razionale consiste nell'imparare a interrompere e ad arrestare questi pensieri una volta individuati. Può essere utile immaginare che i vostri pensieri siano come se aveste un lettore MP3 nella vostra testa acceso continuamente sul tasto "play". Immaginate che la registrazione stia andando: i vostri pensieri scorrono continuamente, poi vi accorgete di un pensiero negativo. Invece di permettere a questo pensiero di scatenarne un altro, dovete imparare a premere il bottone "pausa". Questo vi darà la possibilità di "mettere in pausa" e frenare un flusso potenzialmente distruttivo di pensieri negativi. Una volta che avete interrotto un pensiero negativo, è importante che poi riportiate la vostra attenzione su un pensiero positivo o neutro usando il metodo di distrazione (che sarà descritto nelle prossime pagine).

Un certo numero di tecniche insegna a interrompere e a controllare il pensiero negativo. Nei tre paragrafi che seguono, descriviamo tre tecniche specifiche che si sono dimostrate adeguate a controllare i pensieri negativi. Si tratta di strategie di arresto del pensiero, metodi di distrazione e crescenti pensieri positivi. Cominceremo descrivendo un certo numero di strategie di arresto del pensiero che possono aiutarvi a imparare a passare al bottone "pausa". Vi raccomandiamo di lavorare con queste tecniche esercitandovi con ciascuna di esse per un ragionevole periodo di tempo (es. ogni giorno per una o due settimane). Questa pratica quotidiana vi aiuterà a determinare quale di queste tecniche funziona meglio per voi. Un esercizio regolare e costante rafforzerà la vostra abilità nel controllare i pensieri negativi in risposta agli acufeni. Con il tempo, diventerete più abili nell'individuare e fermare i pensieri negativi e svilupperete un maggiore senso di controllo sui vostri pensieri.

5.2.1 Tecniche di arresto dei pensieri

Quando vi accorgete di avere un pensiero negativo, usate immediatamente una delle seguenti tecniche di arresto del pensiero:
- Dite a voi stessi: "Smetterò di pensarci ora!".
- Immaginate un grande segnale rosso di arresto il più vivido possibile. Seguite questo segnale e abbandonate il pensiero negativo.
- "Gridate" mentalmente la parola *stop* senza emettere alcun suono, ma sentite la forza come se steste davvero urlando. Potrebbe essere difficile da fare, pertanto può essere utile cominciare a esercitarvi in questa tecnica in a casa, da soli. Dapprima, cominciate a "produrre" alcuni pensieri negativi suscitati dagli acufeni. Appena avvertite il pensiero, gridate la parola *stop* il più forte possibile. Ripetete questo processo per molti giorni ma cominciate a ridurre il volume del vostro urlo fino a quando potete "gridare" *stop* senza emettere alcun suono, ma sentendone la piena forza. Ovviamente, a questo punto potete cominciare a usare questa tecnica in pubblico al primo manifestarsi spontaneo di un pensiero negativo.
- Indossate un braccialetto regolabile attorno al polso, per esempio quelli regolabili con una striscia di velcro. Appena notate un pensiero negativo, stringete un poco il braccialetto.
- Prendete un bel respiro, mentalmente pensate la parola *uno*. Poi, mentre espirate, pensate mentalmente la parola *relax* e rilassate tutti i muscoli. Continuate il processo, ripetendo le due parole almeno 10 volte.

5.2.2 Metodi di distrazione

Immediatamente dopo avere bloccato un pensiero negativo usando una tecnica di "arresto del pensiero", è importante che riconcentriate i vostri pensieri su qualcosa di non negativo. Altrimenti, potreste trovarvi a riconcentravi nuovamente sul pensiero negativo precedente.

Vi proponiamo quindi alcuni esercizi di distrazione che vi assisteranno nel raggiungere il blocco del pensiero negativo, riducendo così ogni stress emotivo e incrementando il senso di controllo sui vostri pensieri.

Ricordate, il processo per apprendere a controllare i pensieri automatici negativi prevede differenti passaggi:
1. Riconoscete la forte relazione tra pensieri ed emozioni.

2. Prendete coscienza del contenuto dei vostri pensieri.
3. Individuate i pensieri automatici negativi appena compaiono.
4. Usate tecniche di blocco del pensiero per interrompere il flusso dei pensieri negativi.
5. Usate le tecniche di distrazione per darvi il tempo di fermarvi e per riflettere su pensieri non negativi e piacevoli.

Esercitatevi con i seguenti metodi di distrazione in modo da determinare quali tecniche vi si addicono meglio:
- Contate mentalmente all'indietro da 100 di 7 in 7.
- Scorrete mentalmente le lettere dell'alfabeto all'indietro (da Z ad A).
- Scorrete mentalmente i mesi dell'anno all'indietro (da dicembre a gennaio).
- Fate scorrere mentalmente le parole di una delle vostre canzoni preferite.
- Rivivete mentalmente la vostre ultime vacanze.
- Immaginate di avere vinto un milione di euro alla lotteria: come li spendereste?
- Immaginatevi in uno dei vostri luoghi preferiti (in spiaggia, in campagna, a pescare, di fronte a un fuoco). Catturate un'immagine vivida di questo posto: che cosa riuscite a vedere, sentire, odorare, gustare?
- Preparate una lista della spesa.
- Preparate un menu per la cena di una festa.
- Pensate a un film che vi è piaciuto.
- Organizzate le vostre prossime vacanze.

Nella Figura 5.1 trovate alcuni esempi che illustrano come alcune persone hanno fatto uso delle tecniche di arresto del pensiero e di distrazione per aiutarsi ad affrontare i pensieri negativi in risposta agli acufeni.

Esempio 1
Il mio maggior problema con gli acufeni è che disturbano il mio sonno. Non sono mai stato un dormiglione. Ma ora che ho questo ronzio e questo tintinnio costante in entrambe le orecchie per me è impossibile. Nel silenzio della notte ciò che sento sono gli acufeni. Spesso mi giro e rigiro nel letto. Spesso mi sdraio e penso: "Non lo sopporto. Devo dormire. Come farò mai al lavoro domani? È terribile!". Avere questi pensieri mi faceva sentire sempre peggio. Mi sentivo teso e ansioso; avevo voglia di urlare! Ho provato un po' di tecniche per cercare di interrompere questi pensieri negativi. Una cosa che sembra essere d'aiuto è concentrarmi sul mio respiro. Penso la parola blu quando inspiro (ho sempre trovato il blu un colore rilassante), e poi, quando espiro, penso alla parola relax, infine mi concentro nel rilasciare tutta la tensione dei muscoli. Continuo solo a concentrarmi per rilassare il mio corpo. Poi prendo alcuni numeri, tipo 424, o qualunque altro, e mentalmente sottraggo 7 e conto lentamente all'indietro di 7 in 7 – non m'importa che i calcoli siano giusti – e mentre conto all'indietro provo a essere sempre più rilassato. Penso che questo aiuti a non pensare ad altro, come agli acufeni. Più faccio così, più diventa facile per me.

(cont. →)

Fig. 5.1 Esempi di utilizzo delle tecniche di arresto del pensiero

Fig. 5.1 (*continua*)

> **Esempio 2**
> *Pensavo che l'idea di mettere un bracciale di gomma attorno al polso fosse un po' sciocca quando l'ho sentita la prima volta. Però l'avrei provato comunque. Vedete, ne indosso uno proprio ora! Trovo che quando sono stanco o stressato ho più probabilità di pensare molto negativamente. La prima volta che ho usato il braccialetto era un giorno in cui ero molto impegnato al lavoro. Quella sera ero stanco e dovevo andare al cinema con un amico. Spesso trovo che il sonoro dei film sia così forte! Mi preoccupavo pensando che gli acufeni sarebbero peggiorati a casa dopo il cinema. Quando mi sono accorto di avere questo genere di pensieri ho "schiaffato" il braccialetto attorno al mio polso. Beh, mi ha fatto dimenticare quelle preoccupazioni! Poi ho passato alcuni momenti pensando quanto sarebbe stato bello vedere il mio amico. Da allora ho usato il braccialetto poche volte, ma mi sono accorto che indossarlo e anche solo la sua vista sul mio polso mi aiuta a essere più conscio dei pensieri... Penso che mi sia d'aiuto bloccare i pensieri negativi sul nascere. Poi non devo nemmeno stringerlo. Mi distraggo giusto concentrandomi sugli aspetti positivi in qualsiasi situazione. Forse sto imbrogliando, ma sto cominciando ad avere un maggiore controllo sui miei pensieri. Mi chiedono spesso perché ho un bracciale attorno al polso! Comunque, non mi disturba affatto, infatti mi ricorda solo quanto sono avanti nell'ottenere il controllo sugli acufeni.*

5.2.3 Stabilire l'equilibrio: come incrementare i pensieri positivi

Le persone spesso tendono a concentrarsi sugli aspetti negativi della loro vita (difetti personali, fallimenti, acufeni ecc.) e trascurano gli aspetti positivi (gli obiettivi raggiunti, i successi, la famiglia, gli amici, gli hobby piacevoli ecc.). Un altro modo di imparare a gestire il pensiero negativo è usare tecniche che aumentano l'intensità dei pensieri positivi.

Ecco allora alcuni suggerimenti:
1. Concentratevi meno su quei fattori personali che considerate negativi e cominciate a concentrarvi di più sui vostri punti positivi. Innanzitutto dovete creare un elenco di pensieri positivi su voi stessi. Se avete dei problemi, allora chiedete alle persone di cui vi fidate di dirvi quali pensano siano gli aspetti positivi del vostro carattere. Scrivete questi pensieri su piccoli fogli di carta, un pensiero per pagina. Mettete queste pagine in un mazzo, come un mazzo di carte. Portatele con voi ogni giorno nel vostro portafoglio, nella tasca, nella borsa, oppure in un vano della vostra macchina. A intervalli casuali durante la giornata, prendete il mazzo di pensieri positivi, tirate fuori un foglietto, leggete il pensiero e prestatevi attenzione. Quando ve ne vengono di nuovi, aggiungeteli al mazzo. Inoltre, cominciate a mettere nel vostro mazzo delle "wild card", cioè dei foglietti bianchi di carta. Quando estraete un foglio bianco (cioè una "wild card"), scrivetevi un pensiero positivo su di voi.

2. Potete aumentare la frequenza dei pensieri positivi accoppiandoli con le cose che fate frequentemente. Usate vostri comportamenti o attività frequenti come promemoria per aggiungere un pensiero positivo. Per esempio, ricordatevi di avere un pensiero positivo ogni volta che mangiate, vi lavate i denti, usate il telefono, leggete qualcosa, salite o scendete dalla macchina, usate i mezzi pubblici e così via.

5.3 Come sfidare i pensieri automatici negativi: il processo di ristrutturazione cognitiva

Nel capitolo 4 abbiamo discusso alcune caratteristiche dei pensieri automatici, tra le quali il modo in cui tendono a essere altamente credibili. Le persone di solito credono ai loro pensieri senza metterne in dubbio le basi. Comunque, sarebbe piuttosto sorprendente se tutti i pensieri di una persona fossero percezioni veritiere degli eventi "reali"! A volte, i pensieri sono corretti, ma, in altre occasioni, possono essere parzialmente o completamente errati.

Per illustrare questo aspetto dei pensieri automatici, consideriamo un esempio del modello A-B-C descritto nella Figura 4.2. Nell'esempio presentato nella Figura 5.2, la persona che ha problemi con lo sportello automatico probabilmente non ha nessuna prova effettiva che colui che gli ha offerto aiuto pensi che una persona che ha bisogno di aiuto sia stupida. È verosimile infatti che non tutti riescano a utilizzare prontamente gli sportelli automatici senza assistenza: molti li evitano proprio per paura di fare brutta figura davanti ad altri.

A = situazione, evento: Offerta di aiuto a uno sportello automatico	
B = pensieri e convinzioni	C = conseguenze emotive
"È rassicurante sapere che ci sono persone che possono aiutarmi quando ne ho bisogno."	Positività, piacere
"Mi sento un tale idiota che non riesco a usare questa macchina. Questa persona deve pensare che io sia veramente stupido. Chiunque altro è in grado di usare queste macchine."	Depressione, disperazione

Fig. 5.2 Un esempio del modello A-B-C

In questo esempio vi sono due pensieri negativi:
1. *lettura della mente* altrui: pensare di sapere esattamente che cosa abbia in mente l'interlocutore;
2. *falso confronto:* ritenere che si sia unici nel non avere certe capacità.

A un livello più profondo, questo atteggiamento può anche rivelare che il protagonista si preoccupa troppo di ciò che gli altri pensano, e che ritiene molto importante essere abili nel fare qualsiasi cosa correttamente e in modo autonomo. Il pericolo di accettare semplicemente i pensieri negativi come reali e credibili è che una persona possa ritenere altamente affidabili i propri pensieri. Questo può portare a pensieri sempre più negativi, che poi possono diventare automatici e credibili. Di conseguenza, una persona può vivere sentimenti ed emozioni negativi. Se una persona pensa "Sono disperato e senza valore", è probabile che si senta disperata e senza valore, è possibile poi che consideri queste sensazioni come una conferma e una prova che i suoi pensieri siano veri. Ciò porta a un circolo vizioso come descritto nella Figura 5.3.

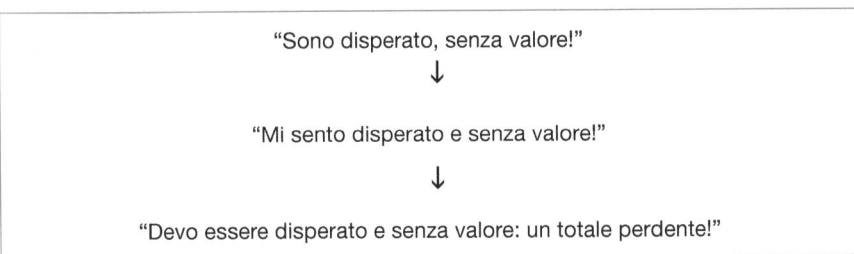

Fig. 5.3 Circolo vizioso del ragionamento

Un'altra abilità importante da apprendere è come *mettere alla prova o mettere in dubbio i propri pensieri*, cioè la ricerca di prove concrete per dimostrare se i propri pensieri siano validi, corretti e imparziali. Una volta che avete messo alla prova i vostri pensieri e se trovate che siano scorretti, fallaci, irrealistici, o posti nella prospettiva sbagliata, dovete sostituirli con altri più corretti, ragionevoli e realistici. Questi contropensieri dovrebbero essere *brevi, facilmente memorizzabili, credibili, realistici e personalmente rilevanti*. Attraverso questo processo potete imparare a pensare in maniera più costruttiva e utile. Pensare in maniera costruttiva non è semplicemente pensare positivo, come: "Sono un grande; tutto va che è una meraviglia; gli acufeni non mi daranno alcun disturbo". Questo atteggiamento, positivo ma "acritico", potrebbe non essere tanto utile perché questi pensieri non sono né realistici né credibili nemmeno per voi stessi. Piuttosto, pensare in maniera costruttiva significa inquadrare una situazione realisticamente e assicurarsi che i propri pensieri in risposta a un evento o a una situazione non siano distorti da esagerazioni scorrette e affrettate e da una tendenza al catastrofismo.

5.4 Il modello A-B-C-D-E

Ecco ora altri due step del modello A-B-C:

1. **D** = *discutere*, mettere alla prova pensieri non realistici, non costruttivi o convinzioni (contenuti in B).
2. **E** = *nuove conseguenze emotive*, ovvero una diversa conseguenza emotiva che rimpiazza i pensieri automatici negativi in B con dei pensieri costruttivi (in D).

Perciò il modello A-B-C diventa ora il modello A-B-C-D-E descritto nella Figura 5.4.

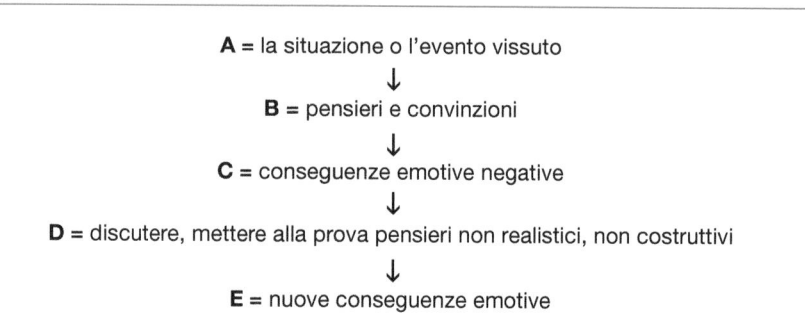

Fig. 5.4 Il modello A-B-C-D-E

5.5 Linee guida per mettere alla prova i vostri pensieri negativi

Per mettere alla prova i vostri pensieri negativi, dovete esaminarli e testarli prima di considerarli validi. Questo processo, chiamato *ristrutturazione cognitiva*, implica che vi poniate una serie di domande per capire se avete prove oggettive a sostegno del contenuto dei vostri pensieri.
Per aiutarvi a fare ciò, ecco alcune domande che potreste porvi:
1. Che cosa c'è di vero in questa situazione?
2. Qual è la prova che ciò che penso sia vero e corretto?
3. Quali fatti sto dimenticando o ignorando?
4. Quali distorsioni o errori sto facendo nel mio modo di pensare? (vedi "I 12 paradigmi del pensiero negativo" all'inizio di questo capitolo).
5. Che cosa c'è di *non* vero in questa situazione?
6. Quali sono i fatti? In che cosa sto esagerando?
7. Ci sono altri modi di giudicare questa situazione?
8. Ho considerato tutti gli altri possibili pensieri e tutte le possibili spiegazioni?
9. C'è una maniera più positiva di vedere questa situazione?
10. C'è qualcosa di buono in questa situazione?
11. Che cos'altro potrei fare per affrontare questa situazione?
12. Che cos'altro posso fare in questa situazione?
13. La situazione è così negativa come penso?
14. Qual è la cosa peggiore che può capitare?
15. Quanto è probabile che la cosa peggiore possa capitare?
16. Quanto è cattiva la cosa peggiore che può capitare?
17. Che cosa è più probabile che accada?

Per ogni pensiero automatico negativo identificato, è importante provarne la validità. Una volta dimostrato quanto siano imprecisi e inutili i pensieri negativi, è importante sostituirli con altri più precisi, costruttivi, utili. Ricordate: questi pensieri dovrebbero essere brevi, facilmente memorizzabili, credibili, realistici e personalmente rilevanti.

Per cominciare a fare pratica con il processo di mettere alla prova i pensieri negativi, completate l'esercizio nella Figura 5.5.

In questo esercizio, Gianni ha dei problemi ad addormentarsi. Descriviamo i suoi pensieri in B e le sue emozioni in C. Trovate ora alcuni modi da applicare ai pensieri del modello A-B-C-D-E di Gianni (es. come potrebbe Gianni mettere alla prova i suoi pensieri automatici negativi?).

Esercizio 1
A = situazione: Gianni ha dei problemi ad addormentarsi
B = questo è ciò che Gianni sta pensando:
"Gli acufeni sono così forti: un ronzio costante! Scommetto che avrò problemi ad avere un buon sonno. Come farò ad andare avanti domani? Sarò stanco e irritabile! Gli acufeni mi faranno impazzire! Mi sento così debole. Questo suono rovina tutto."
C = così è come si sente:
debole, infastidito, irritabile, depresso e avvilito
D = mettere alla prova pensieri negativi, non costruttivi (B)

- Come potrebbe Gianni mettere alla prova i suoi pensieri automatici negativi? (Quali domande potrebbe porsi per mettere alla prova i suoi pensieri?). Esempio: "Quali sono i fatti? Che cosa sto inventando, che cosa sto esagerando?".
  ....
  ....
  ....
  ....

- In quale altro modo potrebbe reagire a questa situazione Gianni? Esempio: "Smetterò di concentrarmi sugli acufeni ora, e sposterò la mia attenzione su qualcosa di piacevole, finché non mi addormento. Vediamo, comincerò facendo piani per la prossima vacanza".
  ....
  ....
  ....

- Quali pensieri più costruttivi o più utili potrebbe avere Gianni? Esempio: "In passato, sono riuscito ad avere un buon sonno una volta addormentato, perciò non c'è bisogno di farne una tragedia".
  ....
  ....
  ....

E = nuove conseguenze emotive
- Se Giovanni sostituisse i pensieri B con quelli D, quali potrebbero essere le nuove conseguenze emotive in E? Esempio: "più rilassato e calmo".
  ....
  ....
  ....

Fig. 5.5 Esercizio per mettere alla prova i pensieri automatici negativi

5.6 Esercizio di autovalutazione 10: usare il modello A-B-C-D-E

Per prendere dimestichezza con il modello A-B-C-D-E, completate l'esercizio di autovalutazione nella Figura 5.6. Nel primo esercizio, presentiamo alcuni esempi di ciò che alcune persone hanno detto quando hanno provato a pensare ai loro acufeni in maniera più costruttiva. Leggete questo esercizio e pensate come potreste sentirvi se doveste avere questo tipo di pensieri. Nel secondo esercizio, presentiamo una serie di pensieri negativi correlati agli acufeni. Pensate a come potete mettere alla prova ognuno di questi pensieri e poi controbattete con alcune affermazioni più costruttive. Ricordatevi di usare alcune delle domande elencate nel paragrafo 5.5 "Linee guida per mettere alla prova i vostri pensieri" a pagina 52 di questo capitolo. Completate l'esercizio secondo i vostri ritmi. In seguito, leggete i pensieri costruttivi suggeriti nella Figura 5.7.

Esercizio 1
Ecco ora alcuni esempi di ciò che hanno detto le persone quando hanno provato a pensare ai loro acufeni in una maniera più costruttiva. Leggete ogni pensiero e poi descrivete nello spazio sottostante come potreste sentirvi se doveste avere questo pensiero in risposta agli acufeni.

- "Penso al rumore come se fosse nella stanza, cioè come se fosse un rumore esterno."
....

- "Una volta pensavo che mi invadesse da fuori: ora penso che sia io. Ho accettato il rumore come se fosse parte di me."
....

- "Quanta attenzione siete preparati a dare agli acufeni e quanto alle altre cose?"
....

- "Penso agli acufeni come a un amico."
....

- "Qualunque cosa capiti, posso farcela."
....

- "Li sconfiggerò."
....

Esercizio 2
Leggete ognuno dei pensieri negativi correlati agli acufeni elencati sotto. Poi ponete a voi stessi le seguenti domande:
- Come potreste sentirvi se pensaste in questo modo?
- Come potreste mettere alla prova ognuno di questi pensieri?
- Quali sono i modi costruttivi di pensare?
- Se doveste sostituire alcuni pensieri costruttivi in risposta ai pensieri negativi, come potrebbero cambiare i vostri sentimenti?

(cont. →)

Fig. 5.6 Esercizio di autovalutazione 10: usare il modello A-B-C-D-E

Fig. 5.6 (*continua*)

Pensieri negativi	Pensieri costruttivi
Nessuno capisce che cosa sto vivendo con gli acufeni.	....
Gli acufeni sono insopportabili e sembra che la mia vita intera ne sia piena.	....
Gli acufeni mi impediscono di godermi la vita.	....
Come posso accettare questo invito alla festa?	....
E se gli acufeni peggiorano?	....
Perché io? Perché devo soffrire questo rumore?	....
Gli acufeni sembrano diventare più forti.	....
Presto non sarò in grado di sentire niente.	....
Gli acufeni mi faranno impazzire!	....
Con questo suono la mia vita è terribile.	....
Questo rumore mi travolgerà!	....
Perché nessuno può aiutarmi?	....

Pensieri negativi	Pensieri costruttivi
Nessuno capisce che cosa sto vivendo con gli acufeni.	Ci sono tantissime cose spiacevoli che non capisco, ma ho ancora delle possibilità e gli altri possono aiutarmi.
Gli acufeni sono insopportabili e sembra che la mia vita intera ne sia piena.	Posso anche avere gli acufeni, ma ci sono molte altre cose piacevoli nella vita.
Gli acufeni mi impediscono di godermi la vita.	A volte gli acufeni sono fastidiosi, ma molte altre cose mi danno ancora piacere.
Come posso accettare questo invito alla festa?	Andare fuori con altri sarà una buona distrazione.
E se gli acufeni peggiorano?	Non c'è nessuna certezza che gli acufeni diventino più forti.
Perché io? Perché devo soffrire questo rumore?	Sono un fastidio, ma posso avere il controllo sugli acufeni.
Gli acufeni sembrano diventare più forti: presto non sarò in grado di sentire niente.	Ci sono molte altre cose per cui riesco a godermi la vita.
Gli acufeni mi faranno impazzire!	Se assumo un ruolo attivo posso imparare a controllare questo suono.
Con questo suono la mia vita è terribile.	
Questo rumore mi travolgerà!	Molte persone possono aiutarmi, se glielo lascio fare, ma devo imparare ad aiutare me stesso per primo.
Perché nessuno può aiutarmi?	

Fig. 5.7 Esempi di pensieri negativi e pensieri costruttivi e utili legati agli acufeni

5.7 Esercizio di autovalutazione 11: imparare a sfidare i pensieri automatici negativi

Nella Figura 5.8 vi presentiamo un modulo di monitoraggio così che possiate cominciare a esercitarvi a sfidare i vostri pensieri automatici negativi. Potete scaricarne delle copie dalla piattaforma Springer Extra Materials così da esercitarvi a mettere alla prova i vostri pensieri e quindi apprendere la *ristrutturazione cognitiva*. Ecco come utilizzare il modulo:

- nella colonna A descrivete brevemente la situazione;
- nella colonna B registrate ogni pensiero automatico negativo che identificate;
- nella colonna C descrivete come vi sentivate;
- poi fatevi una serie di domande e mettete alla prova i pensieri negativi (in B);
- nella colonna D, registrate alcuni pensieri costruttivi per mettere alla prova i pensieri elencati nella colonna B;
- poi descrivete le nuove conseguenze emotive nella colonna E;
- ricordate di rileggere il paragrafo "Linee guida per mettere alla prova i vostri pensieri negativi" (pag. 52).

Usate questo modulo per annotare i pensieri negativi che avete individuato e scrivete come li avete sfidati usando il modulo A-B-C-D-E.

5.8 Conclusioni

Abbiamo spiegato alcune tecniche specifiche cognitive (gestione del pensiero) studiate per il controllo dei pensieri negativi.

Ricapitolando, per riprendere il controllo sui vostri pensieri negativi, vi incoraggiamo ad applicare le tecniche di blocco del pensiero e di distrazione presentate in questo capitolo e a incrementare la frequenza dei vostri pensieri positivi.

Vi raccomandiamo anche di esercitarvi regolarmente con la tecnica di ristrutturazione cognitiva (il modello A-B-C-D-E) in modo da mutare progressivamente il modo in cui pensate agli acufeni, in particolare se in generale tendete ad avere pensieri pessimistici. Vogliamo sottolineare che con un esercizio regolare, con il tempo sarete in grado di applicare queste nuove capacità cognitive che avrete acquisito. Inoltre, è importante ricordare che potete usare queste strategie di gestione del pensiero in qualunque situazione stressante voi possiate vivere durante la vostra vita quotidiana al lavoro, in famiglia, in società.

5.8 Conclusioni

Data	Evento scatenante/ situazione A	I vostri pensieri o le vostre convinzioni su A B	Conseguenze emotive C	Mettere in discussione, mettere alla prova le convinzioni negative (pensieri adattativi) D	Nuove conseguenze emotive E
es. 3 maggio	Mi sono svegliato nel mezzo della notte disturbato dagli acufeni	Sarò esausto domani. Non ce la faccio, ho bisogno di un po' di pace	Preoccupato, irritabile, frustrato, teso	Ho dormito per 4 ore: non è il massimo ma posso farcela lo stesso. Non ha senso costringermi a dormire per poi essere frustrato. Farò una doccia calda e penserò a qualcosa di piacevole	Mi sento meno irritabile e un pochino più rilassato

Fig. 5.8 Esercizio di autovalutazione 11: imparare a sfidare i propri pensieri automatici negativi. Modulo disponibile sulla piattaforma Springer Extra Materials, vedi pag. 141

Tecniche di rilassamento e gestione dello stress 6

6.1 Lo stress e gli acufeni

Gli acufeni stressano, e lo stress è una delle cause degli acufeni. In ogni caso, la presenza di stress può portare a vivere gli acufeni in maniera ancora più negativa, semplicemente perché lo stress peggiora ogni situazione della vita (inclusi gli acufeni).

Per verificare se nel vostro caso vi sia una relazione tra stress e acufeni, ecco alcune domande:
- Gli acufeni diventano più forti quando siete sotto stress?
- Avete più difficoltà a gestire gli acufeni quando siete sotto stress?
- Quale tipo di stress vi rende più difficile gestire gli acufeni?

6.2 Che cos'è il "relaxation training"?

Il *Relaxation Training* (RT, allenamento al rilassamento) aiuta a raggiungere livelli profondi di rilassamento, uno stato di calma mentale e di tranquillità. Il rilassamento può diminuire il tempo necessario per addormentarsi e migliorare la qualità del sonno. Di fatto, il *relaxation training* è un'abilità importante da apprendere, perché rilassarsi a comando è un beneficio, in particolare quando si ha a che fare con situazioni stressanti, soprattutto quando gli acufeni possono essere fastidiosi e interferire con la vostra vita quotidiana.

Ci sono diversi tipi di *relaxation training*, come la meditazione, lo yoga, il biofeedback ecc. Per gli acufeni proponiamo il *rilassamento muscolare progressivo* (*Progressive Muscle Relaxation*, PMR), una procedura sviluppata dal fisiologo Edmund Jacobson negli anni '30, in seguito modificata in anni più recenti.

È stato dimostrato che il rilassamento muscolare progressivo è una tecnica valida per ridurre la tensione e i conseguenti livelli di stress se si pratica in modo regolare, in

particolare per coloro che si sentono ansiosi o tesi. La procedura consiste nell'imparare a contrarre e rilassare in sequenza la maggior parte dei gruppi muscolari del corpo.
Le fasi del rilassamento muscolare progressivo (PMR) sono:
1. Imparare a contrarre e poi a rilassare i principali gruppi muscolari del corpo: la mano destra e quella sinistra, le braccia e i bicipiti, la faccia (fronte, occhi, guance, mascella, bocca), il collo e la gola, le spalle, il petto, la schiena e la pancia, quelli superiori delle gambe, quelli inferiori e i piedi.
2. Sentire le sensazioni fisiche associate sia con la contrazione sia con il rilassamento. Questa attenzione è necessaria per imparare a distinguere tra tensione e rilassamento e per sapere cogliere con esattezza la tensione appena insorge nelle situazioni di tutti i giorni.
3. Dopo avere contratto ogni gruppo muscolare per circa 15 secondi, la tensione viene rilasciata lentamente da ogni gruppo muscolare. L'attenzione viene poi concentrata sul gruppo muscolare rilassato per un minuto o anche più. (Henry e Wilson, 2001)

La ragione per cui vi chiediamo di contrarre i muscoli all'inizio è perché ciò dà una "partenza bruciante" verso il profondo rilassamento. Il ciclo della tensione vi darà una buona opportunità per essere consci di che cos'è "tensione" e vi permetterà di confrontare e di apprezzare la differenza delle sensazioni tra tensione e rilassamento. È importante che rilasciate la tensione lentamente, non tutta in una volta, così che possiate prendere coscienza dei vari gradi di tensione.

Imparare il rilassamento è un'abilità. Come nell'apprendimento di ogni abilità (es. praticare uno sport) avrete bisogno di esercitarvi in maniera regolare.

Oltre a un esercizio regolare a casa, imparare ad applicare le tecniche di rilassamento nelle situazioni di tutti i giorni è importante. Lo scopo primario dell'allenamento al rilassamento è essere capaci di rilassarsi ogni volta che avvertite il bisogno di alleviare la tensione. Le situazioni in cui potete avere bisogno di applicare il rilassamento includono quelle in cui notate che siete sotto stress, quando provate ad addormentarvi, o quando gli acufeni sono davvero forti e fastidiosi.

6.3 Prepararsi al rilassamento

È importante assicurarsi che lo stato fisico iniziale sia adeguato al rilassamento: scegliete una stanza silenziosa con luce regolabile, chiudete tutte le finestre e le porte, tirate le tende, chiudete le persiane, quindi sedetevi su una sedia comoda con supporto per collo, testa e braccia.

Vi suggeriamo di evitare di sdraiarvi, in particolare quando state ancora imparando il rilassamento muscolare progressivo perché questa posizione facilita l'addormentamento e, ovviamente, non è possibile apprendere ed esercitare questa abilità se si è addormentati.

Vi raccomandiamo inoltre di togliervi occhiali, orologi e scarpe per essere più comodi, e per ridurre ogni stimolo esterno non necessario.

Per evitare distrazioni durante le vostre sessioni d'esercizio, vi consigliamo di chiudere gli occhi. Può essere utile anche staccare il telefono e spegnere il cellulare in modo da evitare interruzioni durante l'esercizio.

Man mano che sviluppate questa abilità nel rilassamento, vi consigliamo di svolgere l'esercizio in condizioni meno comode e di provarlo anche quando state svolgendo attività normali come pulire, lavorare, telefonare, o anche solo passeggiare.

È importante che evitate di tendere i muscoli troppo intensamente, in quanto ciò potrebbe causare dolori o crampi muscolari. Se avete problemi di infortuni o dolori, c'è un livello adeguato di tensione da applicare, in modo da evitare di tendere troppo l'intera area muscolare: dovete invece concentrarvi sul rilassamento del singolo muscolo.

6.4   Punti da tenere a mente

1. Il rilassamento è una tecnica di autocontrollo

Anzitutto, è importante ricordare che il rilassamento è una tecnica di autocontrollo. La ricerca a riguardo suggerisce che vi è un miglioramento sostanziale solo quando l'allenamento al rilassamento è visto come un'abilità di gestione attiva che deve essere praticata e applicata durante la giornata. Perciò, il rilassamento prevede una partecipazione attiva nel modificare le reazioni agli eventi stressanti. Le situazioni stressanti generalmente derivano dall'eccessivo autocontrollo. Attraverso una pratica ripetuta per imparare a rilasciare la tensione fisica, avrete un maggiore senso di controllo sulle vostre reazioni allo stress e alla tensione.

2. È richiesto un esercizio regolare

Se è accettato il fatto che imparare a rilassarsi prevede l'apprendimento di un'abilità, come imparare un nuovo sport, allora ne consegue che un esercizio regolare è essenziale. Vi consigliamo di allenarvi in queste tecniche di rilassamento per circa 15-20 minuti ogni giorno per un periodo di 4 settimane. Dopo di che, l'abilità dovrebbe essere mantenuta in esercizio per circa 15-20 minuti tre volte a settimana. Comunque, gli esercizi applicati nelle situazioni di tutti i giorni che descriveremo nel prossimo paragrafo dovrebbero essere usati in risposta a ogni agente di stress che potreste incontrare nella vostra vita quotidiana.

3. Sintonizzatevi su "aree di tensione"

Un aspetto importante del rilassamento consiste nell'imparare a prendere coscienza di particolari "aree di tensione", quei gruppi muscolari, cioè, in cui spesso sentite tensione. Le aree più comuni sono collo e spalle, pancia, mascella e fronte. Vi consigliamo di fare un controllo mirato delle vostre aree di tensione e di concentrarvi per rilassare queste aree durante la giornata (es. mentre aspettate la risposta dalla segreteria telefonica, mentre siete in coda alla cassa del supermercato, quando siete incolonnati nel traffico ecc.).

4. Associate l'allenamento al rilassamento con altre tecniche specifiche di autocontrollo

Tenete bene a mente che l'allenamento al rilassamento è solo uno dei tanti metodi che possono essere usati per controllare la tensione e lo stress. Inserite quindi il rilassamento nel vostro personale programma di autogestione, il che può anche includere la gestione del pensiero, il controllo dell'attenzione, l'abilità d'immaginare e l'allenamento di autoistruzione descritto in questo libro.

5. Addormentarsi

Durante il rilassamento si ha un abbassamento del livello della tensione e un rallentamento dei processi corporei. Questi effetti fisici sono frequentemente accompagnati da un cambio nella direzione dei processi di pensiero, si può cioè avvertire una sensazione di calma e un atteggiamento meno critico o meno esigente. In questo stato c'è a volte la tendenza ad addormentarsi. Si dovrebbe resistere a questa tendenza, a meno che il rilassamento sia usato specificatamente per risolvere un problema d'insonnia. Lo scopo del rilassamento è di essere profondamente rilassati mentre si è svegli.

6. Sensazioni di perdita del controllo

Alti livelli di tensione possono portare a un controllo rigido (mantenersi forti di fronte allo stress) e alla paura di perdere questo controllo quando si fa il rilassamento. Alcuni possono avere difficoltà o possono essere in grado di rilassarsi fino a un certo punto senza riuscire a proseguire. Se avete questi problemi, vi consigliamo di iniziare con sessioni di allenamento brevi e poi di prolungarle man mano che diventate più bravi a rilassarvi per periodi più lunghi. Ricordate, siete in pieno controllo, state ottenendo il controllo su voi stessi rilasciando la tensione.

7. Sensazioni fisiche inusuali

Mentre i muscoli stanno cominciando a distendersi, è possibile che abbiate delle sensazioni fisiche inusuali, come sensazioni di pesantezza in alcune parti del corpo, improvvise contrazioni muscolari e così via. Sono comuni e non sono ragione di preoccupazione. Se queste sensazioni stanno interferendo con il vostro esercizio, vi consigliamo di aprire gli occhi, respirare profondamente e contrarre lentamente i vostri muscoli. Poi chiudete gli occhi e ricominciate l'esercizio.

8. Problemi di concentrazione

Un problema comune riguarda la difficoltà a concentrarsi. Non è possibile concentrarsi sul rilassamento per lungo tempo. Se avete pensieri intrusivi o in concorrenza, è importante ricentrare l'attenzione sul rilassamento appena siete consci che la vostra attenzione si è spostata su qualcos'altro. Un approccio che alcuni trovano utile è immaginare di lasciare andare i pensieri come morbide nuvole bianche in un cielo blu, osservandole ma senza dilungarsi.

6.5 Come apprendere il rilassamento muscolare progressivo (PMR)

Vi istruiremo ora nella procedura del PMR usando cinque gruppi muscolari. Ecco i cinque gruppi muscolari con i consigli per mettere in tensione ciascun gruppo.

1. Mano destra e mano sinistra, braccia e bicipiti
Stringete entrambi i pugni, stringete i muscoli negli avambracci, portate i gomiti dietro la sedia e premete verso il basso, contraendo i muscoli dei bicipiti (tra i gomiti e le spalle). In alternativa, allungate le braccia di fronte a voi, stringete i pugni e stringete i muscoli di braccia e mani.

2. Faccia
Aggrottate la fronte, strizzate gli occhi, arricciate il naso, serrate la mascella, stringete i denti, tirate fuori i lati della bocca, premete la lingua forte contro il palato.

3. Collo e gola
Premete la testa contro lo schienale della sedia, stringendo i muscoli del collo e della gola. In alternativa, spingete il mento in basso verso il petto ma allo stesso tempo spingetelo in alto così da non fargli toccare il petto.

4. Petto, spalle, schiena e pancia
Prendete un bel respiro, trattenetelo; sedetevi leggermente in avanti, spingete il petto in fuori e unite le scapole e contrate i muscoli della pancia, ben stretti.

5. Cosce, polpacci e piedi
Tendete le gambe, sollevate un po' le cosce dalla sedia, stringete i polpacci e arricciate gli alluci verso l'alto o verso il basso. (Henry e Wilson, 2001)

 I cinque gruppi muscolari descritti sopra vengono tesi e rilassati progressivamente. Applicate la tensione a ogni gruppo muscolare per circa 15 secondi (non c'è bisogno di preoccuparsi del tempo esatto). Dopo che la tensione è stata lentamente rilasciata, concentrate la vostra attenzione sul gruppo muscolare rilassato per circa un minuto o più. Ripetete questa procedura con i restanti gruppi muscolari.
 Siamo consci che molti libri fai-da-te dicono semplicisticamente di rilassarsi, ma forniscono solo una procedura di minima. In questo libro, riportiamo la trascrizione completa di una sessione di apprendimento al rilassamento come avverrebbe se fosse gestita da un terapista. Ovviamente, sarebbe difficile leggere e rilassarsi contemporaneamente (ciononostante potreste di fatto essere capaci di farlo più tardi). La procedura è scritta comunque in modo che possiate leggerla e possiate avere una comprensione generale dell'approccio. Potreste farla leggere a un familiare o a un amico che vi sta assistendo. Molte persone saranno liete di aiutarvi e troveranno rilassante la lettura anche per loro stessi. La procedura dovrebbe essere letta lentamente e a voce bassa, con un tono di voce calmo, quasi monotono. Potete scaricare il file audio di questa sessione dalla piattaforma Springer Extra Materials.
 Ora vi forniremo anche alcune istruzioni di base che possono essere usate per "allestire" una sessione di apprendimento al rilassamento da fare per conto vostro.
 Vi consigliamo però di leggere (o di ascoltare) prima la procedura completa e poi di spostarvi sull'esercizio abbreviato fai-da-te.

Potrebbe anche essere utile registrare il vostro file audio personale della procedura all'allenamento al rilassamento qui fornita (può essere anche un amico o un familiare a leggere), parlando con lo stesso ritmo lento e monotono che adottereste per leggere la procedura nel corso dello svolgimento dell'esercizio con questa tecnica. Potete poi usare questa registrazione come supporto nelle sessioni di esercizio al rilassamento.

6.6 Esercizio di autovalutazione 12: registrare i vostri esercizi di rilassamento

Prima e dopo ognuna delle sessioni d'esercizio, usate il modulo di monitoraggio descritto nella Figura 6.1 per registrare le vostre valutazioni della tensione prima e dopo lo svolgimento dell'esercizio di allenamento al rilassamento. Una volta ancora, vi consigliamo di scaricare questo modulo dalla piattaforma Springer Extra Materials così che possiate tenere un registro del vostro esercizio di rilassamento e valutare i vostri progressi nel padroneggiare questa abilità.

Il rilassamento è un'abilità che richiede di essere appresa con un esercizio regolare/costante. Esercitatevi nel rilassamento almeno una volta al giorno e registrate la data e l'ora del vostro esercizio in questo modulo.

Valutate il livello della tensione fisica su una scala da 0 a 10 (0 = estremamente rilassato; 10 = estremamente teso) sia prima sia dopo l'esercizio di rilassamento. Potete usare questo modulo anche per monitorare i vostri progressi nel raggiungere dei livelli più profondi di rilassamento.			
Data	Ora	Quantificate la tensione prima dell'esercizio di rilassamento da 0 a 10	Quantificate la tensione dopo l'esercizio di rilassamento da 0 a 10
Esempio: 8 maggio	13.30	8	2

Fig. 6.1 Esercizio di autovalutazione 12: registrare i vostri esercizi di rilassamento. Modulo disponibile sulla piattaforma Springer Extra Materials, vedi pag. 141

6.7 Seduta completa di allenamento al rilassamento

Buongiorno.
Sedetevi, appoggiate la schiena e mettetevi il più comodi possibile.
Chiudete gli occhi e concentratevi sul vostro respiro.
Inspirate ed espirate molto dolcemente; il vostro respiro deve essere molto regolare e ritmico, dentro e fuori, dentro e fuori... Dimenticate tutto il resto e concentratevi solo sul vostro respiro.
Concentratevi sui gruppi muscolari del vostro corpo e prendete coscienza delle varie sensazioni nei diversi gruppi muscolari. Dedicate qualche minuto a ogni gruppo muscolare concentrandovi su un muscolo in particolare.
Quindi mettete in tensione quel gruppo di muscoli e continuate a tenerlo in tensione per circa 15 sec. Prendete coscienza della tensione e dello sforzo. Dopo di ciò, rilasciate lentamente la tensione e concentrate quindi la vostra attenzione sul muscolo rilassato per circa un minuto.
Ripetete questo esercizio con ognuno dei cinque gruppi muscolari principali.
I cinque gruppi muscolari principali sono:
• braccia e avambracci;
• faccia, collo e gola;
• spalle e torace;
• schiena e pancia;
• gambe e piedi.

Ricordate che lo scopo principale dell'esercizio è quello di essere comodi e rilassati il più possibile.
Ora, riconcentrate la vostra attenzione sul respiro... regolarmente, dentro e fuori, dentro e fuori... e ripetetevi tra voi la parola "relax" ogni volta che espirate; continuate solo a ripetervi la parola "relax" ogni volta che espirate.

1. Ora concentrate la vostra attenzione sui muscoli delle vostre mani e braccia, sia le braccia sia le mani. Per qualche minuto dedicate la vostra attenzione a questo gruppo di muscoli.
Cercate di prendere coscienza delle sensazioni fisiche che avvertite nelle mani e nelle braccia. Cercate di essere consci del fatto che siano calde o fredde... che siano pesanti o leggere... provate a essere consci anche delle sensazioni che avete in ognuna delle dita... una per una... anche nelle estremità delle dita...
Ora finite di ripetere tra voi la parola "relax"... Per un momento ripetete tra voi la parola "teso" e quando lo fate, tendete i muscoli sia nelle mani sia nelle braccia... fate sì che i muscoli siano rigidi e in tensione.
Bene, ora ripetete tra voi la parola "teso". Aumentate la tensione nelle braccia e nelle mani al punto che sembrino notevolmente tese. Notate quanto sono serrati i muscoli delle braccia e delle mani. Teneteli in tensione per un momento... e ora "relax"... lasciate andare lentamente la tensione. Un poco alla volta... Lasciate andare un po' di tensione ogni volta che espirate.
Espirate di nuovo continuando a ripetere tra voi la parola "relax"... Liberatevi dalla

tensione... piano piano... sentite la tensione scivolare via... che si esaurisce...
Le vostre mani e le vostre braccia sono sempre più rilassate... Rilassatele completamente concentrandovi nel cogliere quando la tensione va via... Lasciate che i muscoli si allentino e si sciolgano... che si allentino e si ammoscino... come una bambola di pezza... e immaginate che se provaste ad alzare le braccia o le mani, sarebbero completamente molli e rilassate... Le vostre braccia sono piacevolmente comode e rilassate... non c'è bisogno di tensione né costrizione... rilassatevi e basta... e il vostro respiro è ancora una volta ritmico e regolare... dentro e fuori... delicatamente dentro e fuori... rilassatevi e basta.

2. Ora concentratevi sulle sensazioni dei muscoli della vostra faccia... Concentrate tutta la vostra attenzione sui muscoli facciali… i muscoli della fronte... attorno agli occhi... le guance... il naso... la bocca e la mascella...
Siate consci delle sensazioni che provate... continuate solo a inspirare ed espirare regolarmente e ritmicamente e continuate a pensare alla parola "relax" ogni volta che espirate... Continuate a concentrarvi sui muscoli della vostra faccia... Siate consci di queste sensazioni...
Ora smettete di pensare la parola "relax"…e in un attimo pensate la parola "teso" e tendete tutti i muscoli della faccia. Aggrottate la fronte, strizzate i muscoli attorno agli occhi, stringete i muscoli delle guance, della bocca, la lingua, serrate la mascella... fate sì che i muscoli siano rigidi e in tensione. Bene, ora pensate la parola "teso"... Aumentate la tensione in tutti i muscoli della faccia al punto che sembrino notevolmente tesi... Notate quanto sono serrati i muscoli del viso... Teneteli in tensione per un momento... e ora pensate la parola "relax"... lasciate andare lentamente la tensione... Un poco alla volta... Lasciate andare un po' di tensione ogni volta che espirate.
Come espirate, continuate a ripetere tra voi la parola "relax"... Continuate a lasciare andare la tensione... piano piano... sentite la tensione scivolare via... che si esaurisce...
Sciogliete i muscoli della faccia... rilassate i muscoli della fronte, attorno agli occhi, delle guance, della bocca, della mascella... I vostri muscoli facciali sono sempre più rilassati... rilassateli completamente... concentrandovi nel cogliere quando la tensione va via... Lasciate che i muscoli si allentino e si sciolgano... che si allentino e si ammoscino... i muscoli facciali sono piacevolmente comodi e rilassati... non c'è bisogno di tensione né costrizione... rilassatevi e basta... il vostro respiro è ancora una volta ritmico e regolare... dentro e fuori... delicatamente dentro e fuori... continuate a ripetere tra voi la parola "relax" ogni volta che espirate.

3. Ora passate al prossimo gruppo muscolare... Concentratevi sulle sensazioni dei muscoli del collo e della gola... Concentrate tutta la vostra attenzione su collo e gola...
Siate consci delle sensazioni in questi muscoli... continuate solo a inspirare ed espirare regolarmente e ritmicamente e continuate a pensare la parola "relax" ogni volta che espirate... Continuate a concentrarvi sui muscoli del collo... Siate consci di queste sensazioni...
Ora smettete di pensare la parola "relax"... ripetete tra voi la parola "teso", e tendete tutti i muscoli del collo e della gola spingendo il mento giù verso il torace ma applicando al tempo stesso una resistenza in modo che torace e mento non si tocchino... Aumentate la tensione in tutti i muscoli di collo e gola al punto che sembrino notevolmente tesi... Notate quanto sono serrati i muscoli del collo e della gola... teneteli

in tensione per un momento... e ora pensate la parola "relax".. lasciate andare lentamente la tensione... Un poco alla volta... Lasciate andare un po' di tensione ogni volta che espirate.
Mentre espirate continuate a ripetere tra voi la parola "relax"...Continuate a lasciare andare la tensione... piano piano... sentite la tensione scivolare via... si esaurisce... Sciogliete i muscoli del collo e della gola... rilassate i muscoli del collo e della gola... I vostri muscoli del collo e della gola sono sempre più rilassati... Rilassateli completamente concentrandovi nel cogliere quando la tensione va via... Lasciate che i muscoli si allentino e si sciolgano... che si allentino e si ammoscino... i muscoli di collo e gola sono piacevolmente comodi e rilassati... non c'è bisogno di tensione né costrizione... rilassatevi e basta... il vostro respiro è ancora una volta ritmico e regolare... dentro e fuori... delicatamente dentro e fuori... continuate a ripetere tra voi la parola "relax" ogni volta che espirate.

4. Ora passate al prossimo gruppo muscolare... Concentratevi sulle sensazioni dei muscoli delle spalle, del torace, della schiena e dell'addome... Concentrate tutta la vostra attenzione su questi muscoli... Siate consci delle sensazioni di questi muscoli... continuate solo a inspirare ed espirare regolarmente e ritmicamente e continuate a pensare la parola "relax" ogni volta che espirate... Continuate a concentrarvi sui muscoli delle spalle, del torace, della schiena e dell'addome... Siate consci di queste sensazioni... Ora smettete di pensare la parola "relax"... Ora, in un attimo ripetete tra voi la parola "teso" e come lo fate, tendete tutti i muscoli delle spalle, del torace, della schiena e dell'addome... Potete farlo con un profondo respiro... trattenete il fiato... tirate indietro le scapole e stringete i muscoli della pancia. Bene, ora pensate alla parola "teso"... inspirate... trattenete il fiato... aumentate la tensione in tutti i muscoli delle spalle, del torace, della schiena e dell'addome... Sentite la tensione... Notate quanto sono serrati i muscoli... teneteli in tensione per un momento... e ora "relax"... lasciate andare lentamente la tensione... Un poco alla volta... Lasciate andare un po' di tensione ogni volta che espirate.
Espirando continuate a ripetere tra voi la parola "relax"... Continuate a lasciare andare la tensione... piano piano... sentite la tensione scivolare via... si esaurisce... Sciogliete i muscoli delle spalle... lasciateli cadere... abbassate le scapole... Rilassate i muscoli del torace, della schiena e dell'addome... I muscoli sono sempre più rilassati... Rilassateli completamente concentrandovi nel cogliere quando la tensione va via... Lasciate che i muscoli si allentino e si sciolgano... che si allentino e si ammoscino... tutti i muscoli sono piacevolmente comodi e rilassati... non c'è bisogno di tensione né costrizione... rilassatevi e basta... il vostro respiro è ancora una volta ritmico e regolare... dentro e fuori, dentro e fuori... Assicuratevi di respirare usando il diaframma... spingendo la pancia in fuori a ogni respiro... e continuate a ripetere tra voi la parola "relax" ogni volta che espirate.

5. E ora passate al prossimo gruppo di muscoli... Concentratevi sulle sensazioni dei muscoli delle gambe e dei piedi... Concentrate tutta la vostra attenzione su questi muscoli... Siate consci delle sensazioni in questi muscoli... i muscoli delle cosce, delle ginocchia, dei polpacci e poi dei piedi... Siate consci delle sensazioni di questi muscoli... continuate solo a inspirare ed espirare regolarmente e ritmicamente e continuate a pensare la parola "relax" ogni volta che espirate... Continuate a concentrarvi sui muscoli delle

gambe e dei piedi... concentratevi sulle sensazioni alle estremità delle dita dei piedi... siate consci di queste sensazioni...
Ora smettete di pensare la parola "relax". In un attimo, per l'ultima volta, ripetete tra voi la parola "teso" e tendete i muscoli dei piedi e delle gambe... Potete farlo facendo stretching/allungando le gambe e tendendo le dita dei piedi verso il soffitto o giù sul pavimento... stringendo tutti i muscoli dalle cosce ai piedi.
Bene, ora ripetete tra voi la parola "teso"... aumentate la tensione in tutti i muscoli di gambe e piedi al punto che sembrino notevolmente tesi. Notate quanto sono serrati i muscoli... teneteli in tensione per un momento... e ora "relax"... lasciate andare lentamente la tensione... Un poco alla volta... Lasciate andare un po' di tensione ogni volta che espirate.
Espirando continuate a ripetere tra voi la parola "relax"... Continuate a lasciare andare la tensione... piano piano... sentite la tensione scivolare via... si esaurisce... Rilassate i muscoli delle gambe e dei piedi... Le gambe e i piedi sono sempre più rilassati... rilassateli completamente... concentrandovi a cogliere quando la tensione va via... Lasciate che i muscoli si allentino e si sciolgano... che si allentino e si ammoscino... tutti i muscoli di gambe e piedi sono piacevolmente comodi e rilassati... non c'è bisogno di tensione né costrizione.
Tutto il vostro corpo è piacevolmente rilassato e comodo, a suo agio... Non c'è bisogno di tensione né costrizione... Controllate i vari gruppi muscolari per vedere se un po' di tensione è tornata... e se notate qualsiasi segno di tensione concentratevi per rilasciarla. Controllate mani e braccia... siate sicuri che siano rilassate... Controllate i muscoli facciali... la fronte, attorno gli occhi, le guance, la bocca e la mascella.
Controllate i muscoli del collo e della gola... controllate i muscoli di spalle, torace, schiena e addome... e infine controllate i muscoli di gambe e piedi.
Tutto il corpo è piacevolmente rilassato e comodo... in pace, a suo agio... Il vostro respiro è ritmico e regolare... delicatamente dentro... e fuori. E ora tranquilli, indugiate qualche momento godendo della sensazione di essere rilassati... Il vostro respiro è ancora una volta ritmico e regolare.
Bene, ora in un attimo cominciate a contare all'indietro da 5 a 1 e mentre contate incominciate ad aprire lentamente gli occhi e quando contate 1 i vostri occhi sono completamente aperti, rimarrete piacevolmente rilassati e comodi ma anche vigili, pronti per affrontare positivamente la vostra giornata. (Henry e Wilson, 2001)

6.8 Procedura abbreviata di autorilassamento

Ecco una serie d'istruzioni che potete seguire per imparare a rilassarvi per conto vostro. Descriviamo i passi chiave del rilassamento così come potrebbero essere applicati al primo gruppo muscolare (es. mani e braccia).
Una volta che avrete terminato con questo gruppo muscolare, semplicemente ripetete il processo per imparare come rilassare i quattro rimanenti gruppi muscolari (faccia; collo e gola; petto, spalle, schiena e pancia; entrambe le gambe e i piedi).

1. Leggete la seguente procedura abbreviata.
   - Concentrate l'attenzione sul vostro respiro per un paio di minuti.
   - Pensate la parola *relax* ogni volta che espirate.
   - Concentrate la vostra attenzione sui muscoli di braccia e mani.
   - Prendete coscienza delle sensazioni fisiche in questi muscoli per un paio di minuti.
   - Ora pensate la parola *tensione* e tendete i muscoli delle mani e delle braccia.
   - Trattenete la tensione per circa 15 secondi.
   - Ora pensate la parola *relax* mentre espirate, e rilasciate lentamente la tensione da mani e braccia.
   - Una volta che avete rilasciato lentamente la tensione, concentrate la vostra attenzione sui muscoli rilassati delle mani e delle braccia per circa un minuto.
2. Leggete la procedura un'altra volta.
3. Ora provate l'esercizio con gli occhi chiusi.
4. Leggete la procedura ancora per vedere se avete saltato qualche passaggio.
5. Ora provate l'esercizio ancora con gli occhi chiusi.
6. Usate la stessa procedura per i rimanenti quattro gruppi muscolari (faccia; collo e gola; petto, spalle, schiena e pancia; entrambe le gambe e i piedi).
7. Rileggete la procedura all'inizio della prossima sessione di esercizi.
8. Una volta che la procedura vi è divenuta familiare potete evitare la lettura di questo esercizio.

6.9 Procedure semplificate di allenamento al rilassamento

6.9.1 Usare il PMR sui quattro gruppi muscolari

La tecnica PMR dei cinque gruppi muscolari può essere modificata in una serie di combinazioni in modo da rafforzare la vostra abilità nel raggiungere i livelli più profondi e più rapidi di rilassamento.
Una modifica possibile è quella di ridurre i cinque gruppi a quattro. I gruppi muscolari allora sarebbero: (1) mani e braccia; (2) faccia, collo e gola; (3) spalle, petto, schiena e pancia; e (4) gambe e piedi. A questo punto potreste cominciare a spostarvi tra i gruppi muscolari a un ritmo più veloce.

Altre varianti includono l'allenamento al rilassamento attraverso la memoria, il rilassamento per conteggio e il rilassamento condizionato. Una descrizione di ognuna di queste tecniche è fornita di seguito.

6.9.2 Rilassamento attraverso la memoria

Il rilassamento attraverso la memoria è diverso dalle procedure precedenti in quanto *non* richiede di tendere i muscoli. Richiede un pieno uso della vostra abilità di *concentrarvi* su tensione e rilassamento. Il rilassamento attraverso la memoria impegna i quattro gruppi muscolari appena descritti e include due processi sequenziali:

1. Concentrarsi attentamente su ogni tipo di tensione in un gruppo muscolare particolare.
2. Ricordare le sensazioni che avete imparato ad associare al rilascio della tensione durante la pratica dell'esercizio originale del PMR, e dedicare dai 30 ai 45 secondi nel rilassare ogni tipo di tensione.

Di fatto, la procedura del rilassamento attraverso la memoria è la stessa della tecnica tensione-rilasciamento (usata nell'esercizio tradizionale di PMR); l'unica differenza tra queste due procedure è che con questa tecnica viene eliminato il ciclo della tensione. Potete usare la seguente procedura per esercitarvi nella procedura del rilassamento attraverso la memoria. Leggete la procedura più volte per familiarizzare con essa come potrebbe essere applicata al primo gruppo muscolare (es. mani e braccia). Poi sedetevi in un ambiente silenzioso, mettetevi comodi, e chiudete gli occhi. Esercitate il rilassamento attraverso la memoria per i quattro gruppi muscolari.

> Concentrate tutta la vostra attenzione sui muscoli sia nelle braccia sia nelle mani e individuate molto attentamente qualunque sensazione di costrizione e tensione che potrebbe essere presente ora. Notate dov'è la tensione e com'è. Dopo un po', pensate tra voi la parola "relax"... ricordate com'era quando avete rilasciato la tensione dai muscoli sia nelle mani sia nelle braccia... lasciandole andare e lasciandole diventare sempre più rilassate. Dedicate 30-45 secondi a questa fase di rilassamento, prima di spostarvi al prossimo gruppo muscolare e ripetete il processo per i restanti tre gruppi muscolari. (Henry e Wilson, 2001)

6.9.3 Rilassamento attraverso il conteggio

Un'ulteriore estensione della tecnica del rilassamento attraverso la memoria permette un rilassamento ancora più profondo e più facilmente raggiungibile. Nella prima fase, cominciate a contare lentamente con la mente da 1 a 10. Come contate, rilassate tutti i muscoli del corpo sempre più profondamente e più comodamente a ogni numero che contate. Concentrate la vostra attenzione su tutti i muscoli del corpo mentre si rilassano sempre più profondamente contando da 1 a 10. Questo rilassamento per conteggio funziona meglio se il conteggio coincide con le vostre espirazioni.

Un ulteriore miglioramento della procedura del rilassamento attraverso la memoria consiste nella tecnica del conteggio mentale da 1 a 10 e nel dare delle istruzioni fai-da-te per indurre un profondo e confortevole stato di rilassamento. Questa tecnica è utile come mezzo per risparmiare tempo nelle situazioni di tutti i giorni, per esempio nelle situazioni di stress, come al lavoro o nel traffico. Una volta ancora, leggete la procedura, poi mettetela in pratica con gli occhi chiusi.

> Concentratevi sul vostro respiro, delicatamente dentro e fuori dai polmoni e pensate tra voi la parola "relax" a ogni espirazione. Concentratevi sui muscoli del corpo. Prendete coscienza di ogni tensione o costrizione. Cominciate a contare mentalmente da 1 a 10, e, come contate, lasciate che tutti i muscoli del corpo diventino profon-

damente e comodamente rilassati man mano che contate. Concentrate la vostra attenzione su tutti i muscoli del corpo e notate come diventano sempre più profondamente rilassati man mano che contate da 1 a 10. Bene! 1, 2, sentite le braccia e le mani che si rilassano sempre più. Ora... 3, 4, concentratevi sui muscoli della faccia, del collo e della gola mentre sono sempre più rilassati... 5, 6, lasciate che i muscoli del petto, delle spalle, della schiena e della pancia siano sempre più rilassati... 7, 8, sentite i muscoli delle gambe e dei piedi che sono profondamente rilassati, completamente più rilassati... 9 e 10, tutto il corpo è rilassato più profondamente e più comodamente, ora rilassatevi completamente. (Henry e Wilson, 2001)

6.9.4 Rilassamento condizionato

Un'ulteriore modifica del PMR è conosciuta come rilassamento condizionato. Lo scopo di questa tecnica è permettervi di ottenere il rilassamento su un segnale autoprodotto (es. dire la parola *relax)*. Per usare questa tecnica vi raccomandiamo di usare il PMR o il rilassamento attraverso la memoria. Una volta rilassati, concentrate tutta la vostra attenzione sul vostro respiro e poi dite sottovoce una parola chiave (es. dite una parola "rilassante" di vostra scelta) a ogni espirazione.

Alcuni esempi di parole chiave a cui potreste pensare sono *calma*, *controllo* e *relax*. Continuate questo processo, ripetendo la parola chiave in sincronia con ogni espirazione abbinata a un numero, contando da 15 a 20 (es. "calma 1", "calma 2"... "calma 20").

Vi consigliamo di eseguire questo esercizio alla fine della vostra sessione quotidiana di PMR. Con l'esercizio regolare, si ottiene un'associazione tra le parole dette sottovoce e lo stato di rilassamento, per cui la parola da sola può essere in grado di indurre lo stato di rilassamento. La parola detta sottovoce è perciò diventata una "chiave" per il rilassamento. Una volta che avete appreso l'associazione tra lo stato di rilassamento profondo e la parola chiave autoprodotta, e che avete imparato a usare queste chiavi per indurre il rilassamento, potete applicare questa tecnica per ridurre la tensione nelle situazioni di tutti i giorni allo stesso modo. Potreste per esempio riuscire a utilizzare a questo scopo un'immagine di uno dei vostri luoghi preferiti o un brano musicale.

6.9.5 Esercizi di respiro lento

Respirare lentamente (con il diaframma) è un altro metodo comodo ed efficace per ottenere uno stato di calma e di rilassamento. Questo esercizio necessita di essere praticato regolarmente. Per cominciare, mettete le mani sull'addome. Fate un respiro profondo e sentite il vostro addome che si muove sotto le vostre mani quando inspirate ed espirate. Come inspirate pensate tra voi le parole "dentro 2", "dentro 3"... "dentro 20". Poi espirate mentre pensate tra voi "relax 2", relax 3"... "relax 20". e sentite il vostro addome che si abbassa. Ripetete questa sequenza per 10 volte.

6.10 Conclusioni

In questo capitolo abbiamo descritto molti metodi di rilassamento. Vi consigliamo di programmare un esercizio regolare quotidiano della procedura PMR dei quattro gruppi muscolari, che consiste nella fase tensione-rilascio. Quando cominciate a fare progressi nello sviluppo dell'abilità al rilassamento vi raccomandiamo di provare a rilassarvi passando gradualmente da luoghi silenziosi e confortevoli a situazioni e posti sempre più impegnativi. Per esempio, partendo da una posizione reclinata, potreste passare a svolgere l'esercizio di rilassamento su una sedia dritta in salotto, o mentre scrivete al computer, o state mangiando al bar, o siete in piedi in camera da letto, o state aspettando di comprare il biglietto per il treno, o state passeggiando. Dovreste cominciare anche a usare il rilassamento attraverso la memoria, il conteggio o i metodi condizionati come mini esercizio durante la giornata.

Poiché queste procedure abbreviate non coinvolgono il ciclo della tensione, sono tecniche di rilassamento più comode che possono essere applicate più facilmente nelle situazioni di tutti i giorni. Provate a fare esercizio di mini rilassamento in varie situazioni, come quando state aspettando il bus, siete fermi a un semaforo, siete in coda e così via.

Un altro modo per assicurarvi di applicare il rilassamento nelle situazioni di tutti i giorni è quello di esercitarvi a prendere coscienza delle vostre particolari "aree di tensione", cioè di quei gruppi muscolari in cui sentite facilmente tensione. Le aree comuni includono collo e spalle, addome, mascella e fronte. Durante la giornata fate una "ricerca mirata" delle vostre aree di tensione e rilassatele deliberatamente appena le sentite in tensione.

Vi raccomandiamo di cominciare a usare le tecniche di allenamento al rilassamento per affrontare gli acufeni specialmente quando gli acufeni vi disturbano o quando vi danno problemi ad addormentarvi.

Provate a individuare le situazioni in cui vorreste essere più rilassati. È probabile che otteniate il massimo beneficio quando usate le tecniche di rilassamento per affrontare sia lo stress associato agli acufeni sia lo stress più quotidiano, come quello legato alla famiglia o ai problemi lavorativi.

Tecniche di controllo dell'attenzione

Nei capitoli 4 e 5 abbiamo descritto alcuni metodi con cui è possibile imparare a cambiare il proprio modo di pensare agli acufeni. Imparando a pensare agli acufeni in maniera più costruttiva è possibile anche cambiare la propria risposta emotiva. Questo approccio può essere utile per ridurre i sentimenti di depressione, ansia, irritazione ecc.

La capacità di individuare i pensieri problematici, di metterli in discussione e di svilupparne più utili e costruttivi è molto importante per adattarsi agli acufeni o affrontare altri problemi.

A volte gli acufeni possono essere molto invadenti e catturare la vostra attenzione molto più di quanto vorreste. Sono le circostanze in cui percepite gli acufeni come particolarmente intensi o quando state provando ad addormentarvi. In tali situazioni desiderereste riuscire a controllare la vostra attenzione.

In questo capitolo vi insegneremo alcuni metodi che possono aiutarvi a raggiungere questo scopo. Essi comprendono il controllo dell'attenzione, l'allenamento dell'immaginazione e le tecniche di distrazione. Queste strategie di autocontrollo possono essere combinate con le tecniche di rilassamento che abbiamo descritto nel capitolo precedente. Lo scopo principale di tutte queste tecniche è assistervi nell'apprendere come spostare il centro della vostra attenzione da una cosa all'altra e insegnarvi che questo processo può essere ricondotto sotto il controllo della vostra volontà.

I pazienti frequentemente si lamentano che gli acufeni monopolizzano la loro attenzione, rendendo difficile la concentrazione e causando un livello elevato di stress. Le tecniche descritte in questo capitolo aiutano a sviluppare quelle abilità necessarie per spostare l'attenzione dagli acufeni su altre sensazioni interne od esterne.

Queste tecniche permettono di acquisire autocontrollo sugli acufeni anche quando la situazione appare particolarmente difficile e nello stesso tempo riducono lo stress legato agli acufeni.

Acufeni. Jane L. Henry, Peter H. Wilson
© Springer-Verlag Italia 2012

7.1 La natura dell'attenzione umana

Il processo dell'attenzione umana ha molte qualità significative per la gestione degli acufeni.

In un determinato momento possono essere in competizione tra loro molti e differenti stimoli, sia interni sia esterni.

Esempi di *stimoli interni* sono: pensieri, immagini mentali, temperatura corporea, sete, fame, bisogno di andare in bagno, dolore e acufeni.

Esempi di *stimoli esterni* sono: rumori esterni, luce, temperatura dell'ambiente, odori, oggetti.

Ciò su cui si focalizza l'attenzione (il cosiddetto centro dell'attenzione) dipende da un certo numero di fattori, significativi per una determinata persona in un determinato momento: la mente si concentra su certi stimoli e ne ignora altri, operando una selezione inconscia.

Le persone possono avvertire più stimoli ma spostare rapidamente il centro della loro attenzione su uno in particolare. È difficile smettere di prestare attenzione a sensazioni non piacevoli (es. troppo freddo o troppo caldo, dolori fisici, sete, ecc.), a meno che una persona non riesca a spostare deliberatamente il centro dell'attenzione su altri oggetti, sentimenti, o sensazioni: un certo controllo su questo meccanismo è possibile e a volte anche sorprendente.

7.2 Il controllo dell'attenzione e gli acufeni

Lo scopo principale delle tecniche di controllo dell'attenzione è imparare a spostare l'attenzione da uno stimolo (es. oggetti, sensazioni, pensieri, attività) a un altro con la propria volontà riportando sotto il proprio controllo i fenomeni neurobiologici che rendono gli acufeni cronici e insopportabili: la memoria paradossa (il persistere cioè di una sensazione sonora anche in assenza di un suono) e l'attenzione patologica (cioè la concentrazione involontaria ma eccessiva sulla sensazione sonora interiore).

Attraverso l'uso delle tecniche di controllo dell'attenzione si acquisisce una nuova abilità e si riesce a riconcentrare l'attenzione dagli acufeni ad altri stimoli, interni o esterni: gli acufeni, in particolare, o le varie sensazioni, in generale, possono rimanere in primo piano oppure spostarsi in secondo piano.

Queste tecniche possono essere utili per fornire al soggetto un elevato senso di controllo sugli acufeni, specialmente nelle occasioni in cui questi divengono fonte di fastidio: è importante capire che l'idea non è tanto quella di smettere di pensare agli acufeni, quanto quella di imparare a orientare l'attenzione da e verso gli acufeni secondo la propria volontà. Con l'esercizio regolare è possibile esercitare il controllo del proprio centro di attenzione.

Nel paragrafo successivo descriviamo una serie di esercizi di controllo dell'attenzione. L'esercizio 1 è creato per illustrare il principio generale del controllo dell'attenzione, mentre con l'esercizio 2 estendiamo questa procedura di base e nell'esercizio 3 affrontiamo direttamente gli acufeni.

Leggete ogni esercizio più volte e poi provate a esercitarvi con queste procedure tenendo gli occhi chiusi allo scopo di ridurre ogni potenziale distrazione e stimolare la concentrazione.

7.3 Allenarsi a controllare l'attenzione

7.3.1 Esercizio 1: sensazioni fisiche interne

Sedetevi su una sedia comoda, chiudete gli occhi e concentrate l'attenzione sul vostro respiro. Respirate molto lentamente e ritmicamente prima in dentro, e poi in fuori; molto delicatamente in dentro, e poi in fuori. Prendete coscienza della vostra respirazione: la fase d'*inspirazione* e la fase di *espirazione*, dentro e fuori.

Provate a concentrare la vostra attenzione su questo processo e prendete coscienza del punto preciso in cui il processo s'inverte, in cui il respirare cambia direzione da *dentro* a *fuori*. Immaginate sia un po' come le onde sulla spiaggia, che arrivano sulla spiaggia e poi arretrano. Continuate a concentrare la vostra attenzione sul vostro respiro, dentro e fuori.

Quando la vostra attenzione si concentra sul vostro respiro, probabilmente non avete coscienza delle sensazioni che provate alle mani, nemmeno sulla punta delle dita. Spostate allora delicatamente la vostra attenzione e la vostra coscienza sulle mani. Provate a individuare ogni dito mentalmente senza muoverlo; prendete coscienza delle vostre dita, concentrando la vostra attenzione delicatamente su di esse.

Ora che avete concentrato tutta l'attenzione sulle dita, probabilmente non avete coscienza del vostro respiro; probabilmente è passato in secondo piano. Quindi, con calma, riconcentrate la vostra attenzione sul respiro: il respiro procede delicatamente da *dentro* a *fuori*, da *dentro* a *fuori* e così via. Concentratevi con calma su un questo processo ritmico, mentre il vostro respiro cambia da *dentro* a *fuori*.

Quando la vostra attenzione si concentra nuovamente sul vostro respiro, probabilmente non avete coscienza delle sensazioni che provate nei piedi e nelle dita dei piedi.

Spostate la vostra attenzione alle estremità del vostro corpo. Prendete coscienza delle sensazioni dei vostri piedi. Visualizzate ogni dito separatamente e concentrate la vostra attenzione su ciascuno mentre lo immaginate.

Ora che la vostra attenzione è sui piedi e sulle dita, il vostro respiro probabilmente è passato in secondo piano. Riconcentrate la vostra attenzione sul respiro: dentro e fuori, dentro e fuori.

Provate a pensare alla vostra attenzione e alla vostra coscienza come a una torcia che potete orientare su qualunque cosa scegliate di concentrarvi. Vedete come la torcia può essere direzionata su qualunque cosa scegliate. Concentratela sul vostro respiro, sulle mani, sul respiro, sui piedi e sulle dita: potete controllare il centro della vostra attenzione e della coscienza. Potete orientare ancora la vostra attenzione lungo il vostro corpo, dal respiro alle mani, e poi ai piedi e alle dita. Ora passate qualche momento tranquillo concentrandovi sul respiro lasciando che i vostri muscoli si rilassino. Respirate delicatamente dentro e fuori, dentro e fuori. Dopo pochi momenti di tranquillità, aprite gli occhi.

- Quando stavate prestando attenzione a parti specifiche del vostro copro, come le mani, avete sentito che le altri parti del corpo si perdevano in secondo piano, o non ne avevate coscienza? Usando le tecniche di controllo dell'attenzione, ci si può concentrare sulle sensazioni e queste possono essere portate in primo piano, o possono essere ignorate lasciandole in secondo piano. Ora provate il secondo esercizio, che è un'estensione della procedura di base.

7.3.2   Esercizio 2: sensazioni interne contro sensazioni esterne

Mettetevi comodi e chiudete gli occhi. Trascorrete alcuni momenti concentrandovi sul respiro, respirate: *dentro* e *fuori*, *dentro* e *fuori*, *dentro* e *fuori*.

Ora esercitatevi a spostare l'attenzione. Imparate a controllarla e a dirigerla, come una torcia. Potete controllare il centro della vostra coscienza e della vostra attenzione, spostatela e concentratela su una cosa soltanto, poi spostatela su un'altra. Chiedetevi: dov'è la mia attenzione ora? È concentrata sulle sensazioni interne al mio corpo, o su sensazioni esterne derivanti dall'interno della stanza, o forse su sensazioni fuori dalla stanza?

Ora, concentrate la vostra attenzione sulle sensazioni fisiche. Sentite la temperatura dell'ambiente sulla vostra pelle. Fa caldo o freddo? Sentite le sensazioni su braccia e mani. Ora provate a prendere coscienza di altre sensazioni, movimenti, o suoni nel vostro corpo. Notate inoltre che qualsiasi tipo di pensieri o d'immagini vi vengano in mente, questi interferiscono con la vostra coscienza e la vostra attenzione.

Ora riconcentrate la vostra attenzione. Concentratevi sui suoni della stanza. Che cosa sentite? Che rumori ci sono? Individuateli mentalmente.

Ora riconcentratevi spostando la vostra attenzione sui suoni provenienti dall'esterno della stanza: il corridoio, la stanza vicina, l'ambiente esterno. Che cosa riuscite a sentire? Sentite voci, risate, il cinguettio degli uccelli, il vento, il traffico, le macchine, i passi, l'aereo? Provate a individuare qualsiasi rumore...

Ora riconcentrate la vostra attenzione. Concentratevi sulle sensazioni nei piedi. Poi, concentratevi solo sulle dita dei piedi. Immaginate ciascuno di essi.

E ora, concentrate la vostra attenzione di nuovo sul respiro. Respirate delicatamente *dentro* e *fuori*, *dentro* e *fuori*. Trascorrete pochi momenti tranquilli concentrandovi sul respiro e lasciate che tutti i muscoli del corpo si rilassino. Poco dopo aprite lentamente gli occhi.

- Avete notato i modi in cui potete spostare il centro dell'attenzione dalle sensazioni fisiche interne all'ambiente della stanza e quindi a quello esterno?

Ora avete acquisito il controllo del centro della vostra attenzione. Con un esercizio regolare potete migliorare la vostra capacità di controllo dell'attenzione e acquisire con sicurezza l'abilità di riconcentrare la vostra attenzione volontariamente da una cosa all'altra.

Siete allora pronti per l'esercizio 3 che riguarda direttamente gli acufeni.

7.3.3 Esercizio 3: sensazioni fisiche contro sensazioni sonore

Mettetevi comodi e chiudete gli occhi. Ancora una volta, cominciate concentrando la vostra attenzione sul respiro, delicatamente *dentro* e *fuori*, *dentro* e *fuori*.

Ora concentratevi sui rumori che avvertite nella vostra testa, sintonizzatevi su di essi. Che cosa sentite? Trascorrete alcuni momenti ascoltandoli.

Ora riconcentrate la vostra attenzione sulle mani. Individuate lentamente ognuna delle vostre dita.

Ora ridirezionate la vostra attenzione. Spostatela in basso lungo il corpo, concentrandovi sui piedi. Sentite il piede destro e il piede sinistro, poi prendete lentamente coscienza di ognuna delle vostre dita.

Ora, ritornate a concentrarvi sul respiro, *dentro* e *fuori*. Notate il punto in cui il respiro cambia da *dentro* a *fuori*, da *dentro* a *fuori*. Dedicate alcuni momenti a prendere coscienza del vostro respiro.

Ora, quali sono i rumori esterni che potete sentire? Trascorrete alcuni momenti a prendere coscienza di qualsiasi suono esterno e provate a individuare la fonte dei vari suoni.

Tornate a concentrarvi sui rumori nella vostra testa, prestando attenzione ai vari rumori.

Ora ridirezionate la vostra attenzione. Concentratevi sui rumori esterni nella stanza e fuori. Che cosa sentite? Trascorrete alcuni momenti provando a individuare qualsiasi suono esterno. Poi, concentratevi ancora sulle sensazioni fisiche, sentite la temperatura dell'ambiente, le sensazioni sulla pelle delle mani, sui palmi.

Ora permettetevi di passare un minuto spostando l'attenzione dalle sensazioni interne a quelle esterne; riconcentrate la vostra attenzione deliberatamente.

Notate che potete concentrarvi solo su una cosa alla volta. Fate pratica spostandovi volontariamente avanti e indietro tra i rumori nella vostra testa, le sensazioni fisiche e le sensazioni esterne. Dopo alcuni minuti, concentrate la vostra attenzione ancora sul vostro respiro. Trascorrete alcuni momenti tranquilli concentrandovi sul respiro, lasciando che tutti i muscoli si rilassino allo stesso tempo. Dopo alcuni istanti, aprite lentamente gli occhi.

7.4 Riepilogo delle tecniche di controllo dell'attenzione

Ci sono tre punti importanti da tenere a mente quando si fanno gli esercizi di controllo dell'attenzione:
1. Il centro della vostra attenzione è sotto il controllo volontario (dando per scontato che siete consci del centro di attenzione attuale).
2. Potete imparare a controllare il centro della vostra attenzione in varie condizioni.
3. Esercitando il controllo sull'attenzione, lo stress legato agli acufeni verrà ridotto.

L'esercizio quotidiano è essenziale per sviluppare la vostra abilità nel controllo dell'attenzione. Vi raccomandiamo di dedicare agli esercizi da 10 a 20 minuti ogni giorno.

Sappiamo che per molte persone, gli acufeni sembrano predominare sugli altri stimoli, tanto da trovare difficile dedicarsi ad altro e questa è un'altra similitudine degli acufeni con il dolore cronico. Molte delle tecniche che descriviamo in questo capitolo sono simili a quelle che risultano efficaci nella gestione del dolore.

Come il dolore, gli acufeni possono rappresentare una sfida da superare, ma noi pensiamo che provare a esercitarne il controllo ne valga la pena.

È utile chiedersi se avete notato che, quando la vostra attenzione è concentrata su qualcos'altro, gli acufeni sono meno percepibili. Molte persone, infatti, quando sono impegnate a lavorare al computer, riparare la macchina, giocare a golf, guardare uno dei programmi preferiti alla tv, fare vela, guardare una partita di calcio, ascoltare un amico che racconta pettegolezzi e così via, avvertono meno i loro acufeni.

Vogliamo sottolineare che la finalità delle tecniche di controllo dell'attenzione non è tanto quella di smettere di pensare agli acufeni; piuttosto, *lo scopo è quello d'imparare a sviluppare l'abilità di orientare a piacimento l'attenzione verso o lontano dagli acufeni*. Questo è un punto molto importante, proprio perché lo scopo principale è quello di costruire da sé l'abilità del controllo dell'attenzione e acquisire quindi sicurezza nella capacità di controllare il centro dell'attenzione.

Con l'esercizio regolare potete imparare a ridirezionare l'attenzione da una fonte di stimolo a un'altra. Questo punto è cruciale, in quanto è difficile, se non impossibile, smettere di prestare attenzione a situazioni non piacevoli quali gli acufeni o il dolore se non si è capaci di riconcentrare la propria attenzione su cose più piacevoli o neutrali[1].

Ora descriveremo altri metodi di controllo dell'attenzione che coinvolgono l'uso dell'immaginazione mentale.

7.5 Allenamento dell'immaginazione

Le tecniche di immaginazione, che in parte assomigliano agli esercizi di controllo dell'attenzione appena descritti, possono essere usate anche come un metodo di autocontrollo per affrontare lo stress legato agli acufeni.

Lo scopo principale di queste tecniche è quello di sviluppare l'abilità di concentrare l'attenzione su immagini mentali, originali o derivate dal ricordo di luoghi ed eventi passati. Come con gli esercizi di controllo dell'attenzione, quando ci si concentra deliberatamente su immagini mentali, le altre sensazioni si perdono sullo sfondo. Di fatto, le tecniche di immaginazione vi offrono dei mezzi per concentrarvi su qualcosa di piacevole o di neutro invece che sulle sensazioni spiacevoli.

Perciò, l'immaginazione rappresenta un altro metodo di controllo dell'attenzione che può essere usato in una vasta gamma di situazioni, per esempio quando si sentono particolarmente gli acufeni (es. provando ad addormentarsi o stando in ambienti silenzio-

---

[1] Ricerche recenti hanno dimostrato che imparare a modificare l'attenzione patologica non è una semplice "distrazione", ma porta a un rimodellamento plastico delle aree cerebrali dell'attenzione (ippocampo, insula, lobo temporale…) con un risultato duraturo (N.d.C.).

si o affollati), o quando si ha a che fare con una varietà di eventi quotidiani stressanti (es. attendere in coda, essere bloccati nel traffico, aspettare la visita dal dentista...).

Spesso quando le persone usano l'immaginazione, tendono a concentrarsi sulla modalità visiva (cioè ciò che vedono con gli "occhi della mente"). Tuttavia, quando si usa l'immaginazione, è utile non solo visualizzare l'immagine ma anche concentrarsi sulle altre sensorialità collegate:
1. Ciò che sentite (es. gli uccelli che cinguettano, le conversazioni tra le persone, le onde che si spezzano sugli scogli, il vento, il fuoco scoppiettante, la musica...).
2. Ciò che odorate (es. l'aria salina, i ceppi che bruciano nel fuoco, i fiori, il pesce con le patatine fritte, un profumo).
3. Ciò che sentite sulla pelle e potete toccare (es. il calore del sole, il vento freddo o la brezza, l'acqua fredda).
4. Ciò che gustate (es. il tè rinfrescante, la torta al cioccolato, le vongole).

Concentrandovi su tutte le modalità sensoriali, potete arricchire il vostro uso dell'immaginazione, creando esperienze più coinvolgenti e godibili.

Ci sono differenze individuali nella capacità delle persone a utilizzare l'immaginazione. Alcuni ritengono che le tecniche d'immaginazione siano facili da usare, in quanto sono abili nel visualizzare le immagini abbastanza chiaramente; altri hanno più difficoltà. Comunque sia, un esercizio regolare può aiutare a rafforzare le proprie abilità. Prima di descrivere alcuni esercizi di immaginazione, ci sono tre aspetti che vorremmo sottolineare:
1. Sviluppando questa abilità, lo stress legato agli acufeni può essere ridotto soprattutto in certi momenti specifici (quando sono particolarmente intensi, quando si prova ad addormentarsi, quando si è in ambienti silenziosi o affollati).
2. Molti riescono a imparare a sviluppare immagini mentali con il controllo della volontà.
3. Con la pratica, potete imparare a padroneggiare l'immaginazione mentale.

7.5.1 Esercizio 1: introduzione all'allenamento dell'immaginazione

In questo primo esercizio, proviamo semplicemente ad ampliare la portata e la ricchezza della vostra capacità d'immaginazione attraverso ognuno dei cinque sensi (vista, tatto, udito, olfatto, gusto), uno alla volta.

Esercizio 1.1 Senso della vista
Primo, raccogliete i seguenti oggetti:
- Una penna.
- Una tazza.
- Un bicchiere.
- Un pettine.

Mettete questi oggetti su un tavolo di fronte a voi. Leggete l'esercizio seguente e poi cominciate la vostra sessione d'esercizi:
- Trascorrete alcuni momenti a guardare la *penna* sul tavolo di fronte a voi.

- Esaminate la penna da vicino, studiandone il colore, la forma, la consistenza, l'aspetto.
- Trascorrete alcuni momenti a guardare la penna.
- Ora chiudete gli occhi e immaginate la penna nella vostra mente. Concentratevi su di essa fino a che non ne vedete un'immagine chiara nella vostra testa.
- Aprite gli occhi e guardate la penna. Esaminatela ancora per alcuni momenti.
- Ora chiudete gli occhi e createvi ancora una volta un'immagine della penna nella mente.
- Ora, passate alcuni momenti a guardare la *tazza* sul tavolo di fronte a voi.
- Esaminate la tazza da vicino, studiandone il colore, la forma, la consistenza, l'aspetto.
- Trascorrete alcuni momenti a guardare la tazza.
- Ora chiudete gli occhi e immaginate la tazza nella vostra mente. Concentratevi su di essa fino a che non ne vedete un'immagine chiara nella vostra testa.
- Aprite gli occhi e guardate la tazza. Esaminatela ancora per alcuni momenti.
- Ora chiudete gli occhi e createvi ancora una volta un'immagine della tazza nella mente.
- Ripetete questo esercizio per visualizzare il *bicchiere* e poi il *pettine*.
- Una volta che siete in grado di visualizzare questi 4 oggetti quotidiani, potete continuare l'esercizio provando a cambiare mentalmente i colori degli oggetti. Per esempio, se la penna è blu, provate a immaginare una penna nera o una verde, se il pettine è nero, immaginatelo rosa.

Esercizio 1.2 Senso del tatto

Ora proviamo a sperimentare diverse consistenze. Immaginate ognuno di questi oggetti:
- Una mela (liscia, dura, fredda).
- Un vestito di raso (molto liscio, morbido).
- Un cubetto di ghiaccio (molto liscio, freddo).
- Un pezzo di pane fresco (molto morbido, a temperatura ambiente).
- Un pezzo di toast (ruvido, caldo).
- Una tazza di caffè o tè (liscia, dura, molto calda).
- Una saponetta bagnata (bagnata, morbida, scivolosa).

Probabilmente vi concentrerete principalmente sul loro aspetto visivo; ora ponete invece la massima attenzione sulle sensazioni che potreste sentire se toccaste veramente questi oggetti. Se doveste trovarlo difficile, potete cominciare ripetendo l'esercizio precedente. La maggior parte degli oggetti che abbiamo suggerito si trova probabilmente nei diversi ambienti della vostra casa. Per esempio, prendete una mela dalla cucina. A occhi aperti, tenetela tra le mani e sentite com'è toccarla. Poi mettete la mela sul tavolo, chiudete gli occhi e provate a cogliere la sensazione di avere una mela in mano nella vostra immaginazione. Ora provate a immaginare ognuno degli oggetti elencati.

Le situazioni che presentiamo ora includono una sensazione di tatto, ma riman-

dano anche a sensazioni corporee più generali. Provate a immaginare.
- Stare a piedi nudi sui ciottoli.
- Stare a piedi nudi sulla sabbia calda.
- Stare a piedi nudi sull'erba.
- Mettere la mano nell'acqua calda.
- Mettere la mano nell'acqua fredda.
- Sentire il sole sulla schiena.
- Sentire un cappello sulla testa.

Esercizio 1.3 Senso dell'udito

Ora provate a immaginare i seguenti suoni:
- Cascata.
- Fontana.
- Onde dell'oceano.
- Acqua di rubinetto che scorre.
- Aeroplano.
- Sirena.
- Acqua sulle rocce in un ruscello o nelle rapide.
- Ventilatore elettrico.
- Elettricità statica nella radio.
- Clacson.
- Uccelli.
- Teiera che fischia.
- Insetti negli alberi.
- Brontolio di stomaco.

Esercizio 1.4 Senso dell'olfatto

Ora provate a immaginare i seguenti odori:
- Caffè.
- Aglio.
- Birra.
- Erba tagliata.
- Libro vecchio.
- Profumo.
- Disinfettante.
- Patatine fritte.
- Cioccolato.
- Letame.
- Pancetta.

Esercizio 1.5 Senso del gusto

Ora provate a immaginare i seguenti gusti:

- Dentifricio.
- Cipolla.
- Succo d'arancia.
- Uovo fritto.
- Biscotti al cioccolato.
- Cornetto/brioche.
- Liquerizia.
- Patate arrosto.
- Kiwi.
- Panna acida.
- Parmigiano.
- Mozzarella/emmenthal.
- Gorgonzola.
- Salsiccia o salame.

7.6 Allenamento dell'immaginazione e combinazioni tra i sensi

Nel prossimo esercizio combineremo un certo numero di sensi: vista, tatto, olfatto e gusto. Per eseguire l'esercizio abbiamo bisogno di un limone.

7.6.1 Esercizio 2: arance e limoni

Mettete un limone sul tavolo e leggete il seguente testo (adattato da Bakal, 1982):

> Immaginate un limone fresco, maturo. Potete vedere chiaramente la buccia gialla lucente. Guardatene la consistenza, le ammaccature della buccia. State tenendo il limone con una mano e nell'altra state tenendo un coltello. Tagliate il limone a metà. Mentre tagliate il limone vedete, sentite il succo che vi scorre sulle dita e sulle mani. Sentite il forte odore del succo. Ora assaggiate il limone, il succo di limone aspro – la vostra bocca si arriccia – assaggiate il limone... E ora, lasciate svanire questa immagine... Svanisce completamente. E aprite gli occhi lentamente.

Ora chiudete gli occhi mentre tenete il limone in mano e immaginate la situazione che avete appena letto. Ora leggete di nuovo per ricordarvi più precisamente ciò che dovete fare (nella vostra immaginazione) con il limone. Ora immaginate la stessa scena con un'arancia (o qualche altro frutto). Immaginate il colore acceso dell'arancia, sentite il succo d'arancia che vi scorre sulle mani, avvertitene il profumo e gustatelo. Probabilmente adesso vorreste mangiare un'arancia!

7.6.2 Esercizio 3: creare combinazioni tra i sensi utilizzando oggetti

Elencati qui sotto vi sono alcuni oggetti che permettono di esplorare una combinazione dei vari sensi. Provate a immaginare ciascun oggetto. Ancora una volta, molti di questi saranno sicuramente presenti in qualche parte della casa. Se aveste difficoltà a immaginare questi oggetti, cercate di trovare l'oggetto e praticate l'esercizio in presenza dell'oggetto. Per esempio, se vi riesce difficile immaginare la vista, il tatto, il gusto e l'odore del dentifricio, allora prendete un tubetto di dentifricio e studiatene l'aspetto, gli odori, i gusti, la consistenza tattile. Poi chiudete gli occhi ed esercitatevi a immaginare tutto questo nella vostra testa.

Esercizio 3.1 Vista e udito

Immaginate le seguenti situazioni:
- Un uccello che cinguetta. Che cosa vedete? Che cosa sentite? Che tipo di uccello è?
- Le foglie spinte dal vento. Che cosa vedete? Che cosa sentite?
- I fuochi d'artificio. Che colori, che forme vedete? Che cosa sentite?

Esercizio 3.2 Vista, tatto e udito

Immaginate i seguenti oggetti. Che cosa vedete? Che cosa state toccando? Che cosa sentite?
- Un orologio, da muro o da polso.
- Un piccolo sacchetto di monete.
- Due dadi.
- Un ventilatore elettrico.

Esercizio 3.3 Vista, tatto e olfatto

- Immaginate una saponetta profumata. Che cosa vedete? Che cosa sentite sulle mani? Che odori sentite?

Esercizio 3.4 Vista, udito e olfatto

- Immaginate un fuoco di legna. Che cosa vedete? Che cosa sentite? Che sensazioni provate? Che odori sentite?

Esercizio 3.5 Vista, udito, gusto e olfatto

Immaginate i seguenti oggetti e provate a cogliere ciò che vedete, sentite, toccate, gustate e odorate:
- La coca cola nel bicchiere.
- Il caffè che filtra.
- Lo champagne.

Esercizio 3.6 Vista, udito, gusto, olfatto e tatto

Leggete il seguente elenco. Immaginate e cercate di individuare ciò che vedete, sentite, gustate, odorate e toccate:

- Le caldarroste.
- Le bollicine che scoppiano nella cannuccia mentre bevete una lattina della vostra bevanda preferita.
- Masticare un hamburger (con dentro tutto!).

7.7 Allenamento dell'immaginazione a scene più complesse

Ora che state facendo progressi, si possono utilizzare immagini più complesse, come ambienti particolari, uno dei vostri luoghi preferiti o quello dove avete trascorso una vacanza indimenticabile. Lo scopo è imparare a spostarsi dalla visualizzazione di singoli oggetti a quella di una serie di immagini mentali in una scena dettagliata.

7.7.1 Esercizio 4: creare combinazioni tra i sensi utilizzando fotografie personali

Scorrete la vostra raccolta di foto personali e sceglietene due di posti piacevoli (es. spiaggia, piscina, foresta, montagna, fiume, lago, parco, o campagna).

Prendete la prima foto e guardatela per due minuti, provando a conservarne un'immagine completa nella vostra mente. Ora voltate la foto a faccia in giù, chiudete gli occhi e immaginate la scena per due minuti circa. A questo punto concentratevi solo su ciò che *vedete*.

Ora fatelo di nuovo ma includendo anche la modalità uditiva. Vogliamo che immaginiate non solo ciò che vedete ma anche ciò che sentite, come se steste scattando la foto in questo momento. Esaminate nella foto un paio di elementi legati ai suoni che potreste sentire se viveste questa scena di nuovo (es. gli uccelli che cinguettano, l'acqua che scorre ecc.). Ora girate la foto, chiudete gli occhi e immaginate la scena, completa di vista e udito.

Ora vi chiederemo di farlo ancora. In questa occasione, vogliamo che immaginiate non solo ciò che vedete e sentite, ma anche ciò che *odorate* – come se steste facendo la foto in questo momento. Esaminate nella foto i dettagli legati agli odori che potreste sentire se viveste questa scena di nuovo (es. l'odore di muschio del bosco, dell'aria salata in riva al mare, delle frittelle del bar vicino...). Ora girate la foto, chiudete gli occhi e immaginate la scena, completa di vista, udito e olfatto.

Ora fate questo esercizio ancora una volta. In questa occasione, vogliamo che immaginiate non solo ciò che vedete, sentite e odorate, ma anche ciò che potete immaginare con un altro senso (*gusto* e/o *tatto*), come se steste scattando la foto in questo momento con tutta la ricchezza dell'esperienza originale. Esaminate nella foto i dettagli legati alle sensazioni di gusto e tatto che potreste sentire se viveste questa scena di nuovo. Non preoccupatevi se non riuscite a trovare altro da aggiungere alla scena. Magari ne avete scelta una che non include tutti i sensi. Ora girate la foto, chiudete gli occhi e immaginate la scena, con tutti i sensi.

Ora sarete probabilmente sulla strada giusta e state perfezionando la vostra abilità nell'allenamento dell'immaginazione. Se avete delle difficoltà con questi esercizi, vi suggeriamo di tornare alla modalità sensoriale che vi è più facile usare.

Alcune persone non sono capaci di sviluppare immagini con tutti i sensi. Questo fenomeno è perfettamente normale, perciò non preoccupatevi se è il vostro caso.

Se avete fatto dei progressi con questo esercizio, cercate di prendere la seconda foto e ripetete la versione finale dell'esercizio con essa cioè includendo da subito tutti i sensi.

È possibile che troviate questo esercizio così divertente da decidere di dedicare a esso un po' di tempo in maniera regolare, cosa che va molto bene anche se l'obiettivo principale è quello di perfezionare la vostra abilità d'immaginazione così che possiate semplicemente mettere assieme delle scene quando e dove volete.

Vi chiediamo ora di ripensare al periodo in cui avete fatto questo esercizio. Fino a che punto avete sentito gli acufeni? Li avete sentiti svanire in secondo piano?

Se sì questo è un esempio dell'esperienza primo piano/secondo piano che abbiamo descritto prima. Le persone, infatti, spesso dichiarano che gli acufeni svaniscono in secondo piano quando sono occupati in attività che richiedono più concentrazione.

7.7.2 Esercizio 5: creare combinazioni tra i sensi usando le fotografie preferite

In questo esercizio, vi chiediamo di sfogliare una rivista o di osservare un libro d'arte per osservare le foto o i quadri che vi interessano. Prendetene due o tre e fate lo stesso esercizio che avete appena svolto con le fotografie personali.

Immaginate di essere in questa scena, guardando in una direzione in particolare (es. da sinistra a destra, o da destra a sinistra, o sullo sfondo). Se ci sono delle persone in questa scena, potete immaginare di essere una di queste persone. Assumete la prospettiva di questa persona e immaginate ciò che vedete, sentite, odorate, gustate, toccate. Fate questo esercizio con due-tre foto o quadri.

7.8 Il movimento nell'immaginazione

Il prossimo passo è immaginare il movimento dentro le immagini. Forse avete già incorporato il movimento nelle "immaginazioni" precedenti, come per esempio nell'immagine con i fuochi d'artificio. Qui, ci concentriamo specificatamente sullo sviluppo della capacità d'immaginare il movimento.

7.8.1 Esercizio 6: allenamento al movimento nell'immaginazione

Immaginate ciascuna delle situazioni seguenti per circa mezzo minuto:
- Un pendolo o un'altalena.
- Un orologio con la lancetta che si muove.
- Le onde che s'infrangono sulla spiaggia.
- Il vento tra gli alberi.
- Un aquilone che vola in aria.
- Un uccello che vola.

- Un pesce che nuota in una vasca.
- Qualcuno che suona il pianoforte, la chitarra o il violino.
- Una partita di tennis vista da lato, all'altezza della rete (immaginando la pallina che passa sopra la rete avanti e indietro).
- Se preferite un altro sport, provate la stessa idea, con il golf, o le squadre di calcio ecc.
- Un'orchestra o un gruppo di musicisti.

7.9 Alcune scene suggerite

Ora proviamo qualche altro esercizio d'immaginazione. Qui di seguito vi descriviamo quattro scene. Lavorateci secondo i vostri ritmi. Leggete prima ogni scena e poi chiudete gli occhi e provate a visualizzarla nella vostra mente. Ricordate, usare le tecniche d'immaginazione è un po' come sognare a occhi aperti, eccetto il fatto che controllerete di più questo processo. Alcuni sogni a occhi aperti possono essere abbastanza vividi; provate a conservare l'immagine delle scene nella vostra mente il più chiaramente possibile. Ricordate d'incorporare più modalità sensoriali possibili (vista, suoni, odori, tocco, gusto).

Questi esercizi vi introdurranno gradualmente a più aspetti sensoriali. Se doveste avere delle difficoltà, provate ad andare avanti con la scena suggerita e provate a immaginare un aspetto qualsiasi di essa.

7.9.1 Esercizio 7: altri esercizi di allenamento dell'immaginazione

Esercizio 7.1 La spiaggia

Leggete la scena seguente e poi chiudete gli occhi e provate a cogliere le immagini nella vostra mente:

> Immaginate di essere in spiaggia. È mattina presto. Provate a visualizzare la sabbia e poi il mare. Immaginate una grande distesa di sabbia, bianca, fredda, fine; guardate il cielo e il sole che sta per sorgere. Visualizzate il mare, guardate come si formano le onde, le onde che scorrono calme, si increspano e poi s'infrangono. Ogni onda bagna un po' di sabbia, vedete come le curve della schiuma cremosa sciacquano la sabbia e vedete come poi l'onda arretra. Continuate a guardare le onde che si formano, scorrono calme, si increspano, s'infrangono e sciacquano la spiaggia in curve di schiuma, cremosa, morbida, le onde che si formano, scorrono, si increspano, s'infrangono e sciacquano la spiaggia. Ora, lasciate sparire queste immagini... completamente. Aprite gli occhi lentamente.

Esercizio 7.2 La campagna

> Immaginate di essere in campagna. Siete seduti all'ombra, su un cumulo d'erba, vicino a un fresca sorgente d'acqua. Sentite l'erba sotto di voi. Nonostante siate all'om-

bra, potete sentire il calore del sole sui vostri piedi. Potete sentire l'erba soffice sotto i palmi delle vostre mani. Potete vedere il ruscello e la sua acqua limpida. L'acqua è così limpida che potete vedere i sassi sul fondo. Potete vedere il movimento dell'acqua nel ruscello mentre scorre tra i sassi. Provate a visualizzare la scena. Immaginate di essere seduti là, guardate gli alberi alti intorno a voi, i rami degli alberi che s'intrecciano sopra di voi, come un soffitto di rami; vi coprono con la loro ombra ma riuscite a vedere il sole comunque tra i rami, sprazzi di sole che filtrano tra i rami, sentite il calore sui vostri piedi. Immaginate la freschezza, visualizzate il ruscello, acqua limpida e fresca che scorre sui sassi. L'odore dell'erba verde e fresca e il profumo dei fiori riempiono l'aria. Potete sentire l'acqua scorrere sui ciottoli e gli uccelli cinguettare sugli alberi. Guardate l'acqua che scorre. Ora immaginate di cogliere una foglia caduta sull'erba vicino a voi e di buttarla nel ruscello, la foglia colpisce l'acqua e comincia a correre su di essa, galleggiando. Guardate la foglia che corre lungo il ruscello e sparisce. Immaginate di cogliere un'altra foglia e di buttarla nel ruscello; guardatela correre sull'acqua e poi sparire lungo il ruscello. Per pochi istanti immaginate di sedere sul cumulo d'erba e continuate a cogliere foglie, una a una, e a buttarle nel ruscello, guardatele correre sull'acqua e poi sparire lungo il ruscello... Ora lasciate sparire tutte le immagini e aprite gli occhi. (Henry e Wilson, 2001)

Esercizio 7.3 Ancora una volta la spiaggia

Ancora un volta, immaginate di essere in spiaggia. Siamo a metà giornata. Cercate di visualizzare la sabbia, la spiaggia e il mare. C'è una grande distesa di sabbia, bianca e fine e c'è un cielo blu e luminoso. Guardate il sole alto nel cielo. Visualizzate il mare, guardate come si formano le onde, scorrono calme, si increspano e poi s'infrangono. Ogni onda sciacqua la sabbia, guardate le curve di schiuma, morbida e cremosa, che sciacquano la sabbia, e poi come arretra l'acqua. Sentite il calore del sole sulle vostre braccia. Sentite gli uccelli che volano sopra di voi. Sentite le persone che ridono e nuotano, e le onde che s'infrangono sugli scogli, ripetitivamente. Sentite il rumore delle onde. Il sole è piacevolmente caldo sul vostro corpo, non troppo caldo. Che cos'altro vedete? Che cosa sentite? Cercate di conservare la scena nella vostra mente... Ora, lasciate sparire queste immagini... completamente. Aprite gli occhi lentamente.

Esercizio 7.4 Il fuoco nel camino

Immaginate di essere seduti di fronte a un fuoco nel camino in una stanza confortevole. Siamo in pieno inverno. Guardando fuori dalla finestra potete vedere che il paesaggio è interamente ricoperto di neve; è tutto bianco. Ora immaginate il fuoco. La legna sta bruciando vivace. Sentite il calore sul vostro corpo. Guardate i colori delle braci mentre bruciano, un vibrante arancione e rosso, sentite l'odore della legna che brucia. Per qualche istante cogliete tutte queste immagini nella vostra mente. Sentite come la legna scoppietta mentre brucia. Sentite il calore mentre il fuoco riscalda la stanza. Nella vostra mente catturate il calore, lo scoppiettio del fuoco, il colore delle braci, l'odore del legno che brucia. E in un attimo, prendete alcune delle noccioline dal tavolo. Immaginatevi il gusto mentre mangiate le noccioline ancora calde.

Godetevi la situazione per alcuni istanti mentre cogliete tutti gli aspetti del momento. Poi lasciate sparire le immagini. Aprite gli occhi lentamente.

Questi sono pochi esempi di alcune scene che possono essere utilizzate per evocare immagini mentali complesse. Ovviamente, ci sono molte altre scene che potreste usare:

> Se vi piace pescare, immaginate che vi state preparando per un viaggio. Organizzate ciò che dovete prendere, immaginando ogni oggetto. Visualizzatevi in spiaggia, sugli scogli, o in barca. Che cosa vedete? Che odori sentite? Che cosa sentite? Che cosa provate? Avete dato un morso alla mela della vostra merenda?

> Immaginate la vostra ultima vacanza, o quella di qualche anno fa. Rivivete tutti i momenti nella vostra mente. Immaginate gli scenari che avete visto, i posti che avete visitato, le persone che avete incontrato, i pasti che avete mangiato, le cose divertenti che sono successe, le storie che avete raccontato una volta tornati a casa!

Considerando le scene che possono essere evocate con l'immaginazione mentale, l'elenco è infinito.

Lasceremo che siate voi a pensare a qualche altra scena che possa essere particolarmente piacevole per voi. Siate creativi quanto volete.

Ora concentriamoci su alcune tecniche d'immaginazione più direttamente rivolte agli acufeni.

7.10 Tecniche dell'immaginazione che includono anche gli acufeni

Gli esercizi fin qui proposti sono stati selezionati per permettervi di mettere in pratica i principi generali dell'allenamento all'immaginazione. Gli esercizi che seguono includeranno gli acufeni in un'immagine. Sembra strano, vero? Provate e vedete come va: non avete niente da perdere! Vi raccomandiamo di leggere e fare pratica con ogni esercizio per capire quale vi si addice di più.

Un modo per includere gli acufeni nei vostri esercizi d'immaginazione è quello di costruire una scena attorno al tipo di suono che sentite. Per esempio, gli acufeni rimbombanti possono essere più assimilabili al rumore del mare, o di una cascata, di una fontana, di una corrente. Altri rumori possono essere come quelli degli insetti negli alberi o l'erba d'estate, magari non piacevoli, ma comunque naturali e familiari.

Pensate al suono degli acufeni e provate a collegarlo a un suono esterno naturale. Poi provate a immaginare una situazione in cui il rumore degli acufeni è collegato a qualche rumore presente nell'ambiente. Ricordate di aggiungere esperienze sensoriali alla scena, inclusi vista, odori, suoni e sensazioni fisiche, così potete rendere queste scene il più possibile vivide e realistiche.

Ecco alcuni suggerimenti:

Se il suono degli acufeni è come le onde dell'oceano che s'infrangono, immaginate di essere vicino all'oceano e di sentire le onde. Vedete la spiaggia, la sabbia dorata, vedete l'acqua; immaginate le onde che corrono; sentite l'odore dell'aria salina, sentite la sabbia calda sotto i vostri piedi, sentite l'acqua fredda mentre camminate sulla scogliera; sentite l'aroma delle patatine calde; sentite i gabbiani; guardate le persone che nuotano e fanno surf, mentre le onde corrono e s'infrangono sugli scogli.

Se il suono degli acufeni è come il fischio di una teiera, allora immaginate che lo siano. Vedete la teiera sul fornello, il fornello è acceso, vedete la piastra rossa o la fiamma del gas. Immaginate di preparare una tazza di tè o caffè, immaginate le fasi della preparazione. Visualizzatevi in cucina: prendete il tè o caffè, prendete il latte e lo zucchero. Ora che cosa sarebbe bello mangiare con questo? Qualche biscotto o una torta? Pensate quanto vi state godendo la pausa caffè o tè, e la merenda che state mangiando!

Se il suono degli acufeni è come un ventilatore elettrico allora immaginate che sia così. Immaginate di essere seduti su una sedia comoda, è un caldo giorno d'estate, il ventilatore è acceso e sta producendo una fresca brezza su di voi. Studiate la forma del ventilatore; sentite come vi sentite comodi e freschi. Immaginate di prendere una bibita fresca, la gustate e vi risiedete comodamente e vi godete la corrente d'aria fresca scorrere sul vostro corpo!

Se il suono degli acufeni è come quello prodotto dagli insetti allora immaginate che sia così. Immaginatevi una perfetta sera d'estate, vedete il sole basso all'orizzonte, fa caldo ma non troppo. Sentite gli insetti, ma che cos'altro riuscite a sentire? Immaginate di sentire gli uccelli, vedete le foglie sugli alberi mosse da una brezza gentile: sentite il loro fruscio nel vento. Che cos'altro sentite? Quali sensazioni sentite sulla vostra pelle? (Henry e Wilson, 2001)

In uno dei nostri gruppi, una persona disse che poteva immaginare gli acufeni come il rumore di una bistecca che sfrigola sul barbecue. Non tutti però ritengono facile abbinare il rumore degli acufeni a rumori esterni. Se doveste trovarvi in difficoltà può essere utile immaginare che gli acufeni siano un altro rumore ma comunque un suono rassicurante, piacevole, e che possa essere usato mentalmente per coprire gli acufeni. (es. il rumore di una cascata, una fontana, una musica particolare). Un'ulteriore possibilità è concentrarsi sugli aspetti sensoriali non sonori di una scena immaginata, cioè, di concentrarsi sulle modalità di olfatto, vista (specialmente sui colori), gusto e tatto.

7.11 Conclusioni

Vi sono modi diversi per ottenere il controllo dell'attenzione. In questo capitolo abbiamo descritto varie tecniche. Le persone tendono a differenziarsi nei metodi che preferiscono. Vi raccomandiamo di "provare" ogni tecnica in modo da capire quali siano quelle che funzionano meglio per voi.

Avrete bisogno di esercitarvi ogni giorno per incrementare la vostra abilità. Provate a trascorrere 15-20 minuti al giorno facendo pratica con le diverse tecniche suggerite. Provate però a essere creativi e a modificarle per creare delle strategie che funzionino efficacemente per voi. Mentre la vostra abilità cresce, vi raccomandiamo di incominciare a esercitare progressivamente queste strategie di autocontrollo nelle situazioni di tutti i giorni in cui siete disturbati dagli acufeni.

Il controllo dell'attenzione e le tecniche dell'immaginazione possono essere particolarmente utili per affrontare i problemi del sonno o per altri momenti "silenziosi" della giornata in cui intorno a voi non ci sono situazioni di distrazione dagli acufeni.

Ottenendo un maggiore controllo sui vostri processi d'attenzione, potete imparare a cambiare il vostro modo di reagire agli acufeni.

Tutto questo, un poco alla volta, diminuirà il vostro stress emotivo.

Diventare il proprio "personal trainer" 8

8.1 Usare le istruzioni fai-da-te

In questo libro abbiamo descritto una varietà di strategie di autocontrollo che possono aiutarvi a cambiare la vostra risposta agli acufeni attraverso i processi di percezione, emozione, attenzione. Alcune di queste strategie possono essere usate singolarmente, ma la maggior parte di esse produce risultati migliori in combinazione con le altre.

Le istruzioni fai-da-te possono essere viste come metodi di autocontrollo in cui le persone si danno "interiormente" delle "istruzioni". In parole povere, parlate a voi stessi! Le istruzioni fai-da-te possono essere usate in combinazione con tutte le altre abilità che vi sono state insegnate in questo libro. Ancora più importante, possono essere sfruttate come promemoria per utilizzare e integrare le varie tecniche di autocontrollo. In altri termini, potete usarle per divenire i vostri "personal trainer" nella realizzazione di azioni efficaci per la gestione dello stress da acufeni.

L'uso efficace delle istruzioni fai-da-te include un certo numero di passaggi che dovreste seguire prima, durante e dopo il verificarsi della situazione problematica. Questi passaggi comprendono diverse fasi:

1. Prima della situazione

Questa fase riguarda il gioco d'anticipo o la preparazione in vista della situazione problematica. Per anticipare ciò che dovrete affrontare in una situazione stressante legata agli acufeni, ponetevi queste domande:
- Che cosa devo fare per gestire questa situazione nella maniera che desidero?
- Come agirei e come penserei se dovessi davvero gestire questa situazione in maniera efficace?

Quindi fate una lista delle istruzioni fai-da-te specifiche per raggiungere lo scopo.

2. Durante la situazione

Questo passaggio riguarda il lasso di tempo in cui state effettivamente gestendo la situazione. Siate i vostri "personal trainer", fornendo a voi stessi la guida, la motivazione, la concentrazione per ciò che dovete fare quando vi trovate di fronte a una situazione destabilizzante o a un'emozione spiacevole. Verificate se state veramente pensando in maniera costruttiva e ricordate a voi stessi di utilizzare tutte le abilità di autocontrollo.

Usate le istruzioni fai-da-te che sottolineano la vostra capacità di controllare gli acufeni e rispondete alla vostra preoccupazione di non farcela.

3. Dopo che avete gestito la situazione

Questo passaggio è particolarmente importante. Dovete riconoscere il vostro successo nell'avere gestito la situazione. Anche se la situazione non si è conclusa proprio come avreste desiderato, avete bisogno di riconoscere e ricompensare i vostri sforzi per averci provato. Potete poi prendervi un po' di tempo per pianificare come rendere più efficaci i vostri sforzi per la prossima volta.

Usate le stesse abilità per valutare in che modo avete gestito la situazione una volta che l'evento si è verificato. Usate le istruzioni fai-da-te per ricompensarvi per il vostro successo. Ricordatevi che il "successo" include anche il fatto di affrontare una sfida al meglio delle vostre capacità. Individuate ciò che avete imparato per la prossima volta in cui potreste essere di fronte a una situazione simile. Per il futuro sviluppate delle istruzioni fai-da-te nuove e incoraggianti.

Il processo descritto nei passi da 1 a 3 è illustrato nella Figura 8.1.

È utile avere un segnale che vi ricordi di usare, o che "accenda", le vostre affermazioni di autoistruzione. Per esempio, potreste usare la presenza di pensieri negativi o non costruttivi come un segnale, o il fatto che vi state preoccupando per un evento prossimo che temete possa accentuare gli acufeni.

La Figura 8.2 presenta un esempio specifico legato agli acufeni e spiega come i pensieri negativi possono essere usati come un segnale per impiegare le istruzioni fai-da-te.

Certo, avrete bisogno di sviluppare una serie di istruzioni fai-da-te fatte su misura per voi. La stessa serie d'istruzioni non sarà efficace per tutti. Dovrete scegliere delle istruzioni fai-da-te che siano brevi, facilmente memorizzabili, convincenti, credibili e rilevanti a livello personale.

Le affermazioni di autoistruzione possono essere usate per aiutarvi ad analizzare e modificare i pensieri negativi. Per esempio, quando notate che state pensando in maniera negativa, o non costruttiva, potete usare le seguenti istruzioni fai-da-te: "Rallenta, smettila di giungere subito a conclusioni, controlla tutte le possibilità, pensa a delle alternative. Che cosa c'è di vero qui? È possibile che stia tralasciando qualche fatto?".

Potete usare le affermazioni di autoistruzione anche come un promemoria per impiegare tutte le vostre tecniche di autocontrollo, inclusi il rilassamento, il controllo dell'attenzione, l'immaginazione e le abilità di arresto del pensiero. Alcune persone ritengono che le affermazioni di autoistruzione funzionino meglio se ci si rivolge a se stessi con il proprio nome quando vengono usate. Provate a usare il vostro nome e vedete se vi aiuta.

1. Ascoltare gli acufeni
- Guardate agli acufeni come un problema per cui potete fare qualcosa.
- *"Cos'è che devo fare?"*
- *"Posso fare un piano per affrontarli."*
- Preparatevi facendo un piano di linee guida mentali per affrontare le sensazioni quando emergono.
- *"Pensa solo a ciò che devi fare!"*
- Concentratevi su ciò che la situazione richiede, concentratevi sul presente.
- Ripassate tutte le strategie che conoscete e che possono essere utili.
- *"Pensa alle cose che puoi usare per controllare gli acufeni!"*
- *"Non preoccuparti, preoccuparsi non serve a nulla!"*
- *"Fai una pausa per un momento e poi rilassati; dopo metterai a punto un piano, un po' di programmazione può tornare utile."*
- Usate ogni traccia d'ansia o di preoccupazione come promemoria o segnale per concentrarvi su ciò che dovete fare.
- *"Ricorda, puoi spostare l'attenzione su ciò che vuoi. L'attenzione non deve essere fissata sugli acufeni, spostiamo la concentrazione su qualcos'altro!"*
- Ricordatevi e rassicuratevi: avete imparato a usare varie strategie di autocontrollo.
- Ricordatevi: i vostri pensieri e la vostra attenzione sono sotto controllo.

2. Confrontarsi con gli acufeni
- Vedete gli acufeni come una sfida, non vedeteli come un disastro.
- *"Puoi affrontare gli acufeni come una sfida. Puoi sfidarli: non lasciare che ti sovrastino!"*
- *"Un passo alla volta, puoi gestire gli acufeni; non sono piacevoli ma puoi gestirli!"*
- Non fate tutto in una volta, non siate precipitosi. Piuttosto, sviluppate un piano logico, usando ognuna delle abilità di autocontrollo che avete imparato.
- *"Prendi un bel respiro, buttalo fuori e rilassati. Fai un attimo di pausa."*
- *"Non pensare agli acufeni. Concentrati solo cu ciò che devi fare! Concentrati su ciò che puoi fare ora per affrontare gli acufeni!"*

3. Gestire i pensieri e i sentimenti nei momenti critici
Questa fase si riferisce alle volte in cui sentite che l'intensità degli acufeni sembra aumentare, o quando pensate di non riuscire più a gestirli.
- Concentratevi su ciò che dovete fare.
- *"Quando senti gli acufeni, fai una pausa e continua a concentrarti solo su ciò che devi fare."*
- Siate realistici. Non state provando a eliminare gli acufeni ma state cercando di assumerne il controllo.
- *"Gli acufeni possono pure essere sempre presenti, ma puoi tenerli a un livello tollerabile. Non esagerare, peggiorerà solo le cose. Prova soltanto a concentrare l'attenzione sull'obiettivo prossimo: in tal modo, gli acufeni passeranno in secondo piano."*
- *"Non ingigantire l'intensità delle sensazioni, farne una catastrofe può solo peggiorare le cose!"*
- *"Ricorda, ci sono molte cose che puoi fare; puoi davvero tenere la situazione sotto controllo!"*
- *"Fa' una pausa, non peggiorare le cose. Puoi rivedere i piani, le strategie. A che cos'altro puoi dedicarti, cos'altro puoi fare per sentirti meglio?"*
- Considerate l'uso delle varie abilità di autocontrollo: le tecniche di arresto del pensiero, di sfida ai pensieri, di rilassamento, di controllo dell'attenzione e le capacità d'immaginazione.

(cont. →)

Fig. 8.1 Esempio di utilizzazione delle affermazioni di istruzioni fai-da-te
Fonte: Henry e Wilson, 2001

Fig. 8.1 (*continua*)

---

4. Affermazioni di riflessione sul sé e affermazioni positive di sé
Nel corso delle tre fasi precedenti può essere utile valutare la performance. Potete usare delle istruzioni fai-da-te, o delle affermazioni sul sé come:
- *"Come sto andando?" "È andata abbastanza bene!"*

Ricordate, le persone spesso criticano se stesse, ma raramente si lodano per il loro comportamento! Durante una situazione di stress, valutate come state andando. Ciò vi aiuterà a tenervi concentrati sull'obiettivo. Se pensate che state andando bene, potete usare questo come segnale per provare altre strategie. Ma è importante che riconosciate che state usando le abilità di autocontrollo. Datevi una "pacca sulla spalla" per ciò che fate! Per esempio:
- *"Sto andando abbastanza bene, non è così dura come pensavo!"*
- *"Sto migliorando di volta in volta!"*
- *"Non lascerò che i pensieri negativi interferiscano con il mio piano!"*
- *"Sapevo di potercela fare: sto andando abbastanza bene!"*
- *"Ogni volta che esercito le strategie di autogestione miglioro sempre più."*

Esempio generico	Esempio legato agli acufeni
A = situazione	
Marco sta per avere un meeting con il suo capo per un possibile aumento.	Marco soffre di acufeni e ha in un programma un incontro pubblico in un ristorante affollato.
B = pensieri negativi	
"E se il capo si arrabbia? Se non riesco a dire niente quando entro nel suo ufficio? Se mi blocco?"	"Come posso godermi la cena? E se i miei acufeni aumentano quando torno a casa?"
Attivazione delle istruzioni fai-da-te	
"STOP!"	"STOP!"
"Questi pensieri ti stanno solo terrorizzando! Prendi un bel respiro, pensa a che cosa stai per dire: 'Voglio parlarle a proposito di un aumento'. Bene, questo è quello che gli dirai!"	"Questi pensieri ti stanno solo deprimendo. Non hai ancora cenato. Chi dice che gli acufeni saranno forti quando torni a casa? Concentrati solo sul presente: dimentica gli acufeni. Devi solo goderti la cena."

Fig. 8.2 Usare i pensieri negativi come segnale per le istruzioni fai-da-te
Fonte: Henry e Wilson, 2001

8.2 Esercizio di autovalutazione 13: escogitare istruzioni fai-da-te personalizzate

La Figura 8.3 presenta una situazione che chiarisce come le istruzioni possono essere applicate agli acufeni. Leggete questo esempio e poi svolgete l'esercizio di autovalutazione numero 13 descritto nella Figura 8.4.

8.3 Allenamento alla risoluzione dei problemi

Trovarsi a gestire situazioni problematiche è una componente abituale della vita di tutti i giorni. Descriveremo ora l'allenamento al *problem solving*, un metodo creato per dotarvi di una strategia generale per risolvere i problemi, il cui scopo non è quello di offrire soluzioni specifiche per situazioni specifiche, ma di insegnarvi un metodo generale da applicare a diversi tipi di problemi, attuali e futuri e di garantirvi una posizione migliore per gestire una vasta gamma di problemi. Il *problem solving* può risultare anche davvero divertente e quando otterrete il controllo su alcune situazioni problematiche proverete una sensazione d'appagamento. Le componenti chiave del *problem solving* sono delineate nella Figura 8.5, mentre la Figura 8.6 è un esempio illustrativo di come questo approccio possa essere applicato a uno specifico problema legato agli acufeni.

Giacomo ha un incontro pubblico in un ristorante

Prepararsi per la situazione
"Bene. So che mi preoccupa uscire in pubblico ora che ho gli acufeni, ma posso mettere a punto un piano per superarlo: nessuna frase negativa, nessun pensiero negativo, pensa solo chiaramente e razionalmente! Ti farà bene andare fuori e festeggiare!
Posso passare la prossima ora così prima di fare qualcosa di piacevole, non pensare agli acufeni!"

Affrontare la situazione
"Un passo alla volta, non pensare agli acufeni o se saranno o meno forti quando sarai tornato a casa! Non c'è bisogno di pensarci, peggiorerai le cose di sicuro! Concentrati solo sul *qui e ora*! Se usi tutte strategie di autocontrollo che conosci ce la puoi fare! Ricordati di usare le abilità di rilassamento, di osservare i pensieri e di usare le capacità di controllo dell'attenzione."

Affrontare di petto la situazione quando le sensazioni aumentano d'intensità
"Qui è un po' affollato ed è un po' difficile sentire che cosa dicono le persone. Ma va bene: il cibo e la compagnia sono buoni. Se non capisco abbastanza che cosa dicono le persone, chiederò semplicemente loro di ripetere. Non ha senso pensare a come gli acufeni saranno più tardi. Anche se sembreranno più forti quando tornerò a casa sarà solo temporaneo e mi assesterò. Intanto, a causa del rumore di sottofondo è abbastanza difficile sentire gli acufeni! E ciò è una buona cosa! Ora non pensiamo più agli acufeni, torniamo ai festeggiamenti!"

Rinforzare le affermazioni su di sé quando la situazione si è conclusa
"Ha funzionato, sono stato capace di tenere le emozioni e i pensieri negativi sotto controllo! Nonostante le uscite pubbliche non siano così semplici ora che ho gli acufeni, sono riuscito a non rovinare tutto!
I miei pensieri negativi sono davvero una gran parte del problema. Se penso che non ce la farò, o che non mi godrò qualcosa, o che gli acufeni peggioreranno, succederà davvero!
Questa volta sono riuscito a ignorare gli acufeni, ho tenuto la mia attenzione sui festeggiamenti, sul cibo, sulla compagnia. Questa esperienza mi aiuterà a esercitare le istruzioni fai-da-te anche in futuro! Certamente mi hanno aiutato a tenermi concentrato sulle mie nuove capacità di autocontrollo, ho fatto proprio un bel lavoro!"

Fig. 8.3 Un esempio legato agli acufeni di utilizzazione delle istruzioni fai-da-te
Fonte: Henry e Wilson, 2001

Lo scopo di questo esercizio è aiutarvi a cominciare a usare la tecnica di autoistruzione per gestire i problemi associati agli acufeni.

Anticipate le situazioni di sfida, mettete a punto strategie efficaci, verbalizzate delle affermazioni incoraggianti di autoistruzione, e concedetevi delle lodi per i vostri sforzi alla fine. Inoltre, usate le affermazioni di autoistruzione per ricordarvi di usare tutte le tecniche di autocontrollo (sfida del pensiero, arresto del pensiero, rilassamento, controllo dell'attenzione, abilità d'immaginazione ecc.).

Per cominciare questo esercizio, individuate una specifica situazione stressante legata agli acufeni e preparate una lista delle affermazioni di autoistruzione fatte su misura per assistervi nell'affrontare questa particolare situazione.

1. Individuate una specifica situazione stressante
Esempi:
Andare a dormire, partecipare a un incontro pubblico, concentrarsi su scopi o attività, provare a rilassarsi, stare in un ambiente silenzioso, stare in un ambiente affollato, avere una conversazione in una situazione rumorosa, concentrarsi a leggere o a guardare la televisione, andare a cena al ristorante, avere una conversazione al telefono.

Una specifica situazione stressante per voi è

....
....

2. Elencate le vostre affermazioni di autoistruzione

2.1 Elencate alcune affermazioni di autoistruzione che potreste usare *quando vi state preparando* per la situazione:

....
....
....

2.2 Elencate alcune affermazioni di autoistruzione che potreste usare *quando sentite che lo stress sta per cominciare*:

....
....
....

2.3 Elencate alcune affermazioni di autoistruzione che potreste usare *quando lo stress sta per travolgervi*:

....
....
....

2.4 Elencate alcune affermazioni di autoistruzione che potreste usare *quando la situazione è superata*:

....
....
....

Fig. 8.4 Esercizio di autovalutazione 13: escogitare istruzioni fai-da-te personalizzate
Fonte: Henry e Wilson, 2001

8.4 Esercizio di autovalutazione 14: fare pratica con il *problem solving*

Leggete i passi inclusi nel processo di *problem solving* nella Figura 8.5 e poi l'esempio offerto nella Figura 8.6. Quindi completate l'esercizio di autovalutazione (parti A e B) descritto nelle Figure 8.7 e 8.8 per cominciare a fare pratica con le tecniche di *problem solving*.

Passo 1: Prendete un po' di fiato, una pausa mentre decidete che cosa fare.
Passo 2: Chiedetevi: *"Qual è il problema? Che cosa stai cercando di cambiare?"*. Siate specifici.
Passo 3: Chiedetevi: *"Come puoi risolvere questo problema? Quali sono le opzioni?"*.
• Scrivete quante più possibili soluzioni potete pensare.
• Pensate a come il vostro partner oppure un amico affronterebbe il problema.
Passo 4: Chiedetevi: *"Che metodo andrà meglio in questa situazione?"*.
• Cercate di identificare quale delle molte possibili soluzioni che avete individuato al passo 3 può essere diretta a risolvere meglio il problema. Selezionate una soluzione dal vostro elenco.
Passo 5: Provate il metodo selezionato per affrontare il problema.
Passo 6: Chiedetevi: *"Com'è andata? In che modo ha funzionato? Che cosa puoi imparare da ciò per la prossima volta?"*.
• Se il problema è risolto, lodatevi per i vostri sforzi.
• Se il problema è ancora irrisolto, lodatevi per avere almeno provato a risolverlo; poi tornate ai passi 4 e 5 e scegliete una soluzione alternativa.

Fig. 8.5 Passi del *problem solving*
Fonte: Henry e Wilson, 2001

Passo 1: Prendete un po' di fiato, una pausa.
"Bene. Passerò giusto pochi minuti a fare un po' di rilassamento".
Passo 2: Individuate il problema specifico.
Passo 3: Scrivi quante più soluzioni possibili, buone o cattive:
• Chiedo al dottore delle letture sugli acufeni.
• Vado in biblioteca o compro un libro sugli acufeni.
• Consulto internet.
• Porto il mio partner con me così lui/lei mi può porre le domande.
• Scrivo le mie domande in una lettera e la spedisco al dottore.
• Trovo un altro dottore.
• Quando entro nel suo studio potrei spiegare al mio dottore che ho alcune domande sugli acufeni a cui vorrei mi rispondesse. Potrei averle già scritte su carta per poi darle al dottore.
• Chiedo alla segreteria di fissare il mio appuntamento in un orario in cui il dottore non è troppo occupato.
• Semplicemente non faccio niente.
• Spiego alla segretaria che ho alcune domande che voglio porre al dottore e chiedo consiglio alla segretaria su come dovrei fare in tal senso.
• Lascio il mio dottore perché non mi dà le informazioni di cui ho bisogno.
• Chiedo al mio partner di andare dal dottore e di porre le domande per me.

(cont. →)

Fig. 8.6 Come applicare il *problem solving* a un problema legato agli acufeni

Fig. 8.6 (*continua*)

> **Passo 4:** Selezionate una soluzione.
> "*Bene. Penso che proverò solo a spiegare che ho alcune domande sugli acufeni a cui vorrei che il dottore mi rispondesse. Ne scriverò alcune e gliele consegnerò*".
> **Passo 5:** Attuate la soluzione.
> *Provate il metodo selezionato per affrontare il problema.*
> **Passo 6:** Riflettete e ricompensatevi.
> Esempio; se il problema è risolto: "*Bene! Tutta quella preoccupazione per niente! Penso di capire le cose meglio, ora! Ci sono poche altre domande a cui ho pensato, ma le porrò la prossima volta. È stato molto meglio scriverle. Penso che sia stato davvero d'aiuto. Ho gestito il problema davvero bene!*".
> *Esempio; se il problema è ancora irrisolto: "Le cose non sono andate come avevo programmato, ma almeno ho provato a risolvere il problema. Tornerò alla mia lista e selezionerò un'altra possibile soluzione. Poi farò un altro tentativo*".

8.5 Conclusioni

In questo capitolo abbiamo descritto due ulteriori metodi cognitivi (di gestione del pensiero): le istruzioni fai-da-te e il *problem solving*.

Le istruzioni fai-da-te possono essere usate per aiutarvi a "parlare" a voi stessi nel mezzo di una situazione difficile o stressante. Possono essere usate anche per aiutarvi a integrare tutte le strategie di autocontrollo che vi sono state presentate nei capitoli precedenti. Mettere a punto delle autoaffermazioni personalizzate può aiutarvi a rimanere concentrati su alcuni obiettivi difficili, o può essere applicato a quelle occasioni in cui siete tormentati dagli acufeni.

> Ecco un esercizio che vi permetterà di fare un po' di pratica nell'applicare il *problem solving*.
> Abbiamo specificato il problema al passo 2. Provate a immaginare che un amico sia venuto a lamentarsi di questo problema.
>
> - Come potreste aiutare il vostro amico a procedere lungo i passi del *problem solving*?
> - Come potreste aiutare il vostro amico a risolvere il problema?
>
> **Passo 1:** Prendete un po' di fiato, una pausa, mentre decidete che cosa fare.
> **Passo 2:** Il problema è questo: il vostro amico è tornato di recente dall'ospedale dopo un intervento chirurgico. Quando era all'ospedale ha ricevuto molte visite e molti biglietti di auguri per la sua guarigione. Ora che è a casa si sente solo e isolato.
> **Passo 3:** Create alcune possibili soluzioni.
> Scrivete quante più possibili soluzioni potete pensare, buone o cattive che siano.
>
> ....
> ....
> ....
> ....
>
> (*cont.* →)

Fig. 8.7 Esercizio di autovalutazione 14 (parte a): esercitarsi con il *problem solving*

Fig. 8.7 (*continua*)

Passo 4: Scegliete una soluzione
Provate a scegliere quale delle possibili soluzioni che avete individuato al passo 3 può essere la migliore per il problema. Selezionate una soluzione dal vostro elenco.
....
....

Passo 5: Provate il metodo selezionato per affrontare il problema.
....
....

Passo 6: Valutate il risultato del *problem solving*.
Quali pensieri consigliereste al vostro a amico di dire a sé stesso dopo che il problema è stato risolto?
....
....

Quali riflessioni consigliereste al vostro amico di fare dopo che il problema non è stato risolto?
....
....

In questo esercizio provate a individuare un problema che vi sta tormentando. Siate il più possibili precisi. Seguite i passi della Figura 8.5 e cominciate a esercitarvi nell'applicare questo approccio ai problemi legati agli acufeni.

Passo 1: Prendete un po' di fiato, una pausa mentre decidete che cosa fare.
Passo 2: Specificate il problema.
"Un problema legato agli acufeni per me è:"
....
....
....
....
....

Passo 3: Create alcune soluzioni possibili, buone o cattive che siano.
"Come puoi risolvere questo problema? Quali sono le opzioni?"
....
....
....
....

(*cont.* →)

Fig. 8.8 Esercizio di autovalutazione 14 (parte b): esercitarsi con il *problem solving*

Fig. 8.8 (*continua*)

Passo 4: Selezionate una soluzione dalla lista.
"Che cosa andrà meglio in questa situazione?"

....
....
....
....
....
....

Passo 5: Provate la soluzione selezionata dalla vostra lista.
Passo 6: Valutate come sono andate le cose e lodatevi per i vostri sforzi.
"Com'è andata? Quanto è andata bene?"

....
....
....
....
....
....

Le tecniche di *problem solving* rappresentano un metodo di risoluzione di una vasta gamma di situazione problematiche.

Talvolta può essere utile associare le due tecniche delle istruzioni fai-da-te e del *problem solving*. Per esempio, se vi trovate a dovere affrontare un problema particolare, legato agli acufeni o un problema più generale, una volta che avete specificato il problema, fatto una lista delle soluzioni e poi deciso sulla soluzione migliore, potreste anche fare una lista di istruzioni fai-da-te per guidarvi nel vero e proprio processo di attuazione della soluzione. Queste due tecniche possono aiutarvi ulteriormente ad acquisire il controllo degli acufeni e possono essere usate anche per le situazioni ad alto rischio, che sono il tema del prossimo capitolo.

Affrontare le situazioni ad alto rischio 9

9.1 Quali sono le situazioni ad alto rischio?

Le situazioni ad alto rischio sono tutte le circostanze che vi mettono a rischio di un peggioramento degli acufeni: eventi non piacevoli, alterazioni del vostro stato emotivo, o cambiamenti periodici nelle caratteristiche acustiche degli acufeni (es. aumento dell'intensità).

Solitamente le situazioni ad alto rischio richiedono un impegno maggiore nella vostra ricerca delle risorse per fare fronte agli acufeni e possono minare la vostra capacità di gestirli. Possono infatti provocare un aumento dei problemi legati agli acufeni come disturbi del sonno, sensazioni di tensione o depressione, isolamento sociale.

In questo capitolo vi insegneremo come individuare le situazioni ad alto rischio: prepararsi ad affrontarle prevede lo sviluppo di un piano specifico d'azione che possa essere usato al momento in cui si verifica l'evento.

9.2 Gli eventi negativi della vita e gli acufeni

Le situazioni ad alto rischio possono derivare da una molteplicità di eventi spiacevoli che vanno dai fastidi quotidiani come smarrire le chiavi o essere bloccati nel traffico, agli eventi vitali più importanti come essere licenziati o comprare una nuova casa; ma gli eventi avversi possono anche essere direttamente correlati agli acufeni (es. frequentare luoghi affollati o sopportare la mancanza di comprensione dal proprio partner).

Anche gli eventi spiacevoli non direttamente legati agli acufeni possono minare la vostra capacità di affrontarli. Per esempio, il fallimento di un progetto potrebbe esporvi a una condizione di fragilità. Non riuscire a gestire gli acufeni in maniera efficace potrebbe scatenare depressione.

Nella Figura 9.1 presentiamo un modello che raffigura la relazione tra gli eventi esterni e gli acufeni.

Fig. 9.1 La relazione tra gli eventi esterni e gli acufeni

Consideriamo qualche esempio della relazione tra gli eventi che possono accadere nella nostra vita e gli acufeni. A chiunque può capitare nella propria vita di vivere alcuni eventi avversi, come quello di essere licenziati dal lavoro, eventi che possono portare a depressione. Più una persona si deprime, più troverà difficile usare le sue strategie di autocontrollo, e proprio nel momento in cui ne avrebbe assolutamente bisogno! La depressione può mettere tutto in una luce negativa, e di conseguenza fare aumentare la percezione degli acufeni. In tal modo ci si sente ancora più infastiditi e depressi. Nutrire pensieri negativi in risposta agli acufeni produce elevati livelli di stress; si rischia di ritrovarsi in un circolo vizioso!

In altri casi si possono rilevare dei cambiamenti negli acufeni. Per esempio, può intervenire una minore tolleranza al rumore, spesso per l'insorgere di malattie. In tal caso si avverte un aumento dell'intensità degli acufeni dopo un concerto, un film, uno spettacolo teatrale, una cena in ristorante... Ancora una volta non si riesce più a impiegare le strategie di autocontrollo proprio quando sarebbero necessarie! Il paziente potrebbe cominciare a nutrire pensieri negativi in risposta agli acufeni, una sequenza che con tutta probabilità può causare sensazioni di depressione e sconforto, disturbi nelle attività di svago, sociali, lavorative.

Le situazioni possono essere più o meno ad alto rischio a seconda del soggetto; per questo è importante che ognuno impari a riconoscere le situazioni particolari che potrebbero essere problematiche per lui. Una volta individuate queste situazioni, potete cominciare a preparare dei piani specifici per affrontarle.

9.3 Esercizi di autovalutazione 15 e 16: identificare le situazioni ad alto rischio

In base alla nostra esperienza, le situazioni ad alto rischio possibili includono quelle presentate nella Figura 9.2, dove, negli spazi previsti, potete cercare di scrivere almeno un esempio specifico per ogni tipo di situazione.

- Un evento stressante causato dagli acufeni (es. difficoltà ad ascoltare una conversazione in un ambiente affollato)
  ....
- Un evento stressante non causato dagli acufeni (es. essere in ritardo, avere seri problemi finanziari)
  ....
- Un evento sociale (es. una festa affollata)
  ....
- Gli acufeni non compresi dagli altri (es. sentirsi dire che i nostri acufeni sono immaginari)
  ....
- Eventi che producono cattivo umore (es. stress legato al lavoro)
  ....
- Stare in un luogo affollato per lungo tempo (es. abitare o lavorare vicino a un cantiere)
  ....
- Essere esposti a un forte rumore improvviso (es. esplosione di un petardo a capodanno)
  ....
- Trovarsi in un luogo silenzioso (es. essere sdraiati a letto)
  ....
- Disturbi del sonno (es. problemi ad addormentarsi)
  ....

Fig. 9.2 Esempi di situazioni ad alto rischio

Una volta che avete completato questo esercizio, svolgete gli esercizi di autovalutazione numero 15 e 16 riportati nelle Figure 9.3 e 9.4. Nell'esercizio di autovalutazione numero 15, vi chiediamo di completare il questionario dell'autocontrollo. Ciò vi aiuterà a valutare il vostro livello di efficienza nell'affrontare una molteplicità di situazioni a dispetto degli acufeni. Qualsiasi situazione in cui ottenete un punteggio di bassa fiducia potrebbe rappresentare una situazione ad alto rischio per voi. L'esercizio di autovalutazione numero 16 è pensato per aiutarvi a identificare qualsiasi altra situazione ad alto rischio specificatamente importante per voi.

Questionario di valutazione dell'autocontrollo

Nel questionario sono elencati un certo numero di obiettivi. Vi preghiamo di leggere ognuno di essi attentamente. Valutate quanto vi sentite sicuri di poter affrontare *durante la prossima settimana* ognuno di questi obiettivi indipendentemente dagli acufeni. Scrivete un numero della scala di valori sottostante che descriva al meglio il vostro livello di sicurezza.
0-10 = non ce la faccio
40-50-60 = abbastanza sicuro
80-90-100 = estremamente sicuro
Gli esempi proposti non sono legati agli acufeni:

(*cont.*→)

Fig. 9.3 Esercizio di autovalutazione 15: questionario di valutazione dell'autocontrollo degli acufeni. Modulo disponibile sulla piattaforma Springer Extra Materials, vedi pag. 141
Fonte: Henry e Wilson, 2001

Fig. 9.3 (*continua*)

Esempio 1 *Sicurezza*
- Sono in grado di camminare per almeno 30 minuti al giorno. 100
- Sono in grado di camminare per almeno un'ora al giorno. 80
- Sono in grado di camminare per almeno 2 ore al giorno. 40
- Sono in grado di camminare per almeno 4 ore al giorno. 10

Le risposte indicherebbero che siete estremamente sicuri di poter camminare per almeno 30 minuti al giorno per la prossima settimana.

Esempio 2 *Sicurezza*
- Sono in grado di fare almeno mezza vasca alla volta in una piscina olimpica. 90
- Sono in grado di fare almeno 1 vasca alla volta in una piscina olimpica. 60
- Sono in grado di fare almeno 2 vasche alla volta in una piscina olimpica. 30
- Sono in grado di fare almeno 4 vasche alla volta in una piscina olimpica. 0

Le risposte indicherebbero che siete molto sicuri (punteggio = 90) di riuscire a fare almeno mezza vasca alla volta nel corso della prossima settimana, e solo abbastanza sicuri (punteggio = 60) di riuscire a fare 1 vasca alla volta. Tuttavia, non siete molto sicuri (punteggio = 30) di riuscire a fare almeno 2 vasche alla volta, e non pensate affatto di poter esssere in grado di fare almeno 4 vasche alla volta durante la prossima settimana (punteggio = 0).

Ora vi preghiamo di rispondere a tutte le situazioni proposte usando la scala di valutazione.
Ricordate: valutate la vostra sicurezza nel pensare di essere in grado di raggiungere i vostri obiettivi *durante la prossima settimana* indipendentemente dagli acufeni. Per favore assicuratevi di assegnare un punteggio a tutti gli obiettivi.

Sicurezza
- Posso essere estremamente rilassato per almeno 15 minuti ogni giorno. ....
- Posso essere estremamente rilassato per almeno 30 minuti ogni giorno. ....
- Posso essere estremamente rilassato per almeno 1 ora ogni giorno. ....
- Posso essere estremamente rilassato per almeno 2 ore ogni giorno. ....

- Posso addormentarmi entro 2 ore la maggior parte delle notti. ....
- Posso addormentarmi entro 1 ora la maggior parte delle notti. ....
- Posso addormentarmi entro 30 minuti la maggior parte delle notti. ....
- Posso addormentarmi entro 15 minuti la maggior parte delle notti. ....

- Posso seguire una conversazione per quasi tutto il tempo mentre parlo con 1-2 persone. ....
- Posso seguire una conversazione per quasi tutto il tempo mentre parlo con 3-4 persone. ....
- Posso seguire una conversazione per quasi tutto il tempo mentre parlo con 6-8 persone. ....
- Posso seguire una conversazione per quasi tutto il tempo mentre parlo con 10-12 persone. ....

- Posso distogliere la mia attenzione dagli acufeni per almeno 30 minuti ogni giorno. ....
- Posso distogliere la mia attenzione dagli acufeni per almeno 1 ora ogni giorno. ....
- Posso distogliere la mia attenzione dagli acufeni per almeno 2 ore ogni giorno. ....
- Posso distogliere la mia attenzione dagli acufeni per almeno 4 ore ogni giorno. ....

- Quando gli acufeni sono molto forti sono in grado di trattenermi dall'essere disturbato da essi per almeno 30 minuti. ....

(*cont.* →)

Fig. 9.3 (*continua*)

- Quando gli acufeni sono molto forti sono in grado di trattenermi dall'essere disturbato da essi per almeno 1 ora. ....
- Quando gli acufeni sono molto forti sono in grado di trattenermi dall'essere disturbato da essi per almeno 2 ore. ....
- Quando gli acufeni sono molto forti sono in grado di trattenermi dall'essere disturbato da essi per almeno 4 ore. ....
- Riesco a stare in un luogo silenzioso senza esserne stressato per almeno 30 minuti ogni giorno. ....
- Riesco a stare in un luogo silenzioso senza esserne stressato per almeno 1 ora ogni giorno. ....
- Riesco a stare in un luogo silenzioso senza esserne stressato per almeno 2 ore ogni giorno. ....
- Riesco a stare in un luogo silenzioso senza esserne stressato per almeno 4 ore ogni giorno. ....

- Riesco a non essere depresso a causa degli acufeni per almeno 1 giorno questa settimana. ....
- Riesco a non essere depresso a causa degli acufeni per almeno 3 giorni questa settimana. ....
- Riesco a non essere depresso a causa degli acufeni per almeno 5 giorni questa settimana. ....
- Riesco a non essere depresso a causa degli acufeni per almeno ogni giorno questa settimana. ....

- Quando gli acufeni sono molto forti riesco a concentrarmi (es. a leggere, cucire, svolgere lavori di tipo intellettuale ecc.) per almeno 30 minuti alla volta. ....
- Quando gli acufeni sono molto forti riesco a concentrarmi (es. a leggere, cucire, svolgere lavori di tipo intellettuale ecc.) per almeno 1 ora alla volta. ....
- Quando gli acufeni sono molto forti riesco a concentrarmi (es. a leggere, cucire, svolgere lavori di tipo intellettuale ecc.) per almeno 2 ore alla volta. ....
- Quando gli acufeni sono molto forti riesco a concentrarmi (es. a leggere, cucire, svolgere lavori di tipo intellettuale ecc.) per almeno 4 ore alla volta. ....

- Riesco a stare in un luogo affollato (es. una caffetteria affollata) senza esserne stressato per almeno 30 minuti ogni giorno. ....
- Riesco a stare in un luogo affollato (es. una caffetteria affollata) senza esserne stressato per almeno 1 ora ogni giorno. ....
- Riesco a stare in un luogo affollato (es. una caffetteria affollata) senza esserne stressato per almeno 2 ore ogni giorno. ....
- Riesco a stare in un luogo affollato (es. una caffetteria affollata) senza esserne stressato per almeno 4 ore ogni giorno. ....

Per individuare quelle situazioni che possono essere per voi ad alto rischio, dovete chiedervi: *In che tipo di situazioni sono più vulnerabile?* Questa domanda può essere inserita in parte nell'automonitoraggio dello stress legato agli acufeni, dell'umore e delle situazioni ambientali che abbiamo presentato nel capitolo 3. Vi consigliamo di riferirvi ai registri dell'automonitoraggio per individuare quelle situazioni o quegli eventi che hanno influenzato maggiormente l'intensità degli acufeni o la quantità di stress legato agli acufeni che state vivendo.
Poi, prendete come riferimento le vostre risposte al questionario di autoefficacia sugli acufeni che avete completato nella Figura 9.3. Controllate ogni situazione che avete valutato con un punteggio uguale o inferiore ai 40 punti. Queste rappresentano situazioni in cui non vi sentite molto sicuri, e perciò sono potenziali situazioni ad alto rischio per voi.

(*cont.* →)

Fig. 9.4 Esercizio di autovalutazione 16: individuare le situazioni ad alto rischio
Fonte: Henry e Wilson, 2001; sviluppato da Aug, Kavanagh e Wilson, 1991

Fig. 9.4 (*continua*)

> Ora, nello spazio sottostante, elencate le situazioni ad alto rischio che sono più problematiche per voi.
> *Le mie situazioni ad alto rischio sono:*
> ....
> ....
> ....
> ....
> ....

9.4 Esercizio di autovalutazione 17: prevedere gli eventi problematici

Un'ulteriore strategia che può essere utile per identificare le situazioni ad alto rischio è la previsione dei futuri eventi negativi che possono verificarsi nella vita. Nella Figura 9.5 proponiamo l'esercizio di autovalutazione numero 17 in cui vi viene richiesto di completare il questionario sulla previsione degli eventi prevedendo la probabilità che si verifichino 30 eventi e valutando quanto vi sentite sicuri di essere in grado di affrontare ciascun evento nel caso in cui questo si presenti realmente.

> Questo questionario contiene una lista di eventi o situazioni che accadono normalmente nella vita delle persone. Potreste avere già vissuto uno o più di questi eventi, recentemente o in passato.
> Individuate gli eventi che pensate che potrebbero accadere in futuro, nel prossimo anno, e valutate quanto vi sentite sicuri di riuscire ad affrontarli nel caso si verifichino.
> Per la vostra *valutazione della probabilità che l'evento si verifichi* utilizzate una scala da 0 (estremamente *improbabile* che si verifichi) a 100 (altamente *probabile* che si verifichi). Potete semplicemente scrivere sulla riga il numero che riflette meglio la vostra stima della probabilità che l'evento si verifichi.
> 0 = Estremamente improbabile che si verifichi
> 100 = Altamente probabile che si verifichi
>
> Successivamente valutate *quanto vi sentite sicuri di essere in grado di affrontare l'evento* in maniera efficace se dovesse presentarsi, *senza alcun aiuto professionale*. Potete utilizzare una scala da 0 (non molto sicuro di poterlo affrontare) a 100 (molto sicuro di poterlo affrontare). Questo numero può essere scritto sulla seconda riga.
> 0 = Non molto sicuro di poterlo affrontare
> 100 = Molto sicuro di poterlo affrontare
>
> Vi preghiamo di valutare il livello di sicurezza anche se pensate che l'evento non si possa verificare. Chiedetevi: "Bene, se *dovesse* accadere, quanto sono sicuro di poterlo affrontare da solo, senza l'aiuto del medico o dello psicologo?".
>
> (*cont.*→)

Fig. 9.5 Esercizio di autovalutazione 17: questionario sulla previsione degli eventi della vita
Fonte: Henry e Wilson, 2001; sviluppato da Kavanagh e Wilson, 1987

Fig. 9.5 (*continua*)

Ecco le situazioni: **compilate ogni riga con un numero da 0 a 100.**		
	Probabilità che l'evento si verifichi	Sicurezza di poterlo affrontare
1. Problemi seri o protratti con i figli	…………	…………
2. Peggioramento delle condizioni di lavoro (inclusi i doveri domestici), es. compiti più tediosi o noiosi, precarie condizioni fisiche, orario lavorativo più lungo, riconoscimento inadeguato del proprio lavoro.	…………	…………
3. Frequenti guasti dell'auto, della televisione, del computer…	…………	…………
4. Frequenti problemi di trasporto.	…………	…………
5. Salute cagionevole con molti piccoli acciacchi e/o infortuni.	…………	…………
6. Separazione prolungata dal proprio partner.	…………	…………
7. Fine di una relazione o divorzio.	…………	…………
8. Demotivazione nel lavoro, o per averlo cambiato in peggio o per non aver ricevuto la promozione che vi aspettavate.	…………	…………
9. Un grave incidente (o più incidenti meno gravi).	…………	…………
10. Licenziamento, disoccupazione o pensionamento.	…………	…………
11. Furto, smarrimento o danneggiamento di qualche oggetto di valore (con valore economico o sentimentale).	…………	…………
12. Aumento delle richieste e dei doveri a casa e al lavoro.	…………	…………
13. Problemi seri o frequenti in una relazione con qualcuno al lavoro (es. litigi, mobbing, rapporti problematici con i colleghi o con il capo ecc.).	…………	…………
14. Problemi seri o frequenti con i vicini.	…………	…………
15. Problemi con alcol o droghe.	…………	…………
16. Problemi di salute seri o prolungati che non siano gli acufeni (da infortunio o malattia).	…………	…………
17. Morte di un parente stretto o di un caro amico.	…………	…………
18. Familiari o cari amici con problemi di alcol o droghe.	…………	…………
19. Familiari o cari amici con problemi psichiatrici.	…………	…………
20. Inadeguatezza delle vostre condizioni di vita o di alloggio.	…………	…………
21. Problemi legali (es. problemi con la polizia, un processo civile, problemi condominiali…).	…………	…………
22. Litigi o discussioni con qualcuno con cui prima eravate in buoni rapporti.	…………	…………
23. Gravidanza o parto (vostri o del vostro partner) problematici (aborto, complicazioni, gravidanza indesiderata, sterilità…).	…………	…………
		(*cont.* →)

Fig. 9.5 (*continua*)

24. Mutamento della vostra situazione sociale tanto da non avere più persone attorno a voi che condividano i vostri interessi. ....
25. Fallimento di un esame o in un compito importanti o in una questione d'affari. ....
26. Problemi sessuali o altri problemi di relazione. ....
27. Separazione prolungata da un caro amico o da uno stretto familiare (o notevole riduzione del contatto con loro). ....
28. Difficoltà a essere ammessi a un corso che volevate frequentare. ....
29. Problemi finanziari imprevisti. ....
30. Malattia o grave infortunio di un familiare o di un caro amico. ....

9.5 Preparazione per le situazioni ad alto rischio

La possibilità che vi troviate di tanto in tanto ad affrontare situazioni ad alto rischio è un semplice dato di fatto. Potete preparar vi ad affrontare situazioni del genere sviluppando abilità di riconoscimento tempestivo e quindi di anticipazione positiva (reazione) delle situazioni ad alto rischio.

Le *abilità di riconoscimento* indicano che siete capaci di identificare un problema appena si presenta, cioè che riuscite a individuare tempestivamente le situazioni ad alto rischio.

Le *abilità di reazione* indicano che avete un repertorio di strategie di anticipazione positiva o di difesa per gestire queste situazioni problematiche, cioè che avete un piano d'azione. La strategia di istruzioni fai-da-te che abbiamo descritto nel capitolo 8 può essere una tecnica utile per aiutarvi a venire incontro alle richieste dettate da qualsiasi evento ad alto rischio. Poiché però non tutti gli eventi sono prevedibili, non ci si prepara a tutti gli eventi in questo modo. Avrete quindi bisogno anche di un metodo generale di gestione delle situazioni problematiche non prevedibili. Le abilità di *problem solving* che abbiamo descritto nel capitolo 8 possono essere un modo per raggiungere questo scopo.

9.6 Esercizi di autovalutazione 18-21: sviluppare piani per affrontare le situazioni ad alto rischio

Ora utilizziamo parte del materiale che abbiamo individuato negli esercizi di autovalutazione 15, 16 e 17 come base per sviluppare delle strategie per affrontare in maniera efficace le situazioni ad alto rischio o gli eventi della vita che dovessero presentarsi in futuro.

Perché possiate essere preparati a questi eventi è fondamentale che precedentemente abbiate messo a punto un piano. Sarebbe consigliabile che questi piani fossero annotati da qualche parte in modo da poter essere ricordati facilmente nel caso in cui si presentasse l'evento. Gli esercizi di autovalutazione da 18 a 21 sono descritti nelle Figure 9.6, 9.7, 9.8 e 9.9. Questi esercizi sono pensati per aiutarvi a cominciare a sviluppare delle abilità di reazione che vi renderanno capaci di essere pronti alle situazioni ad alto rischio che potrebbero emergere nel futuro.

Selezionate una delle situazioni ad alto rischio che avete individuato negli esercizi di autovalutazione (Fig. 9.4). Ora cercate di capire come potreste reagire a questo evento, rispondendo alle domande riportate di seguito. Attraverso questo processo potete cominciare a sviluppare un piano per affrontare questo evento nel caso si presentasse in futuro.

- *Un esempio di una situazione ad alto rischio che è problematica per me è:*
  ....
  ....
- *Come potrebbe presentarsi (in quali circostanze)?*
  ....
  ....
- *Quando è più probabile che si verifichi?*
  ....
  ....
- *Perché? Come lo so?*
  ....
  ....
- *Che cosa posso fare, se possibile, per evitare che accada?* (Stilate una lista delle possibili azioni utili per evitare che questo evento si verifichi)
  ....
  ....
- *È successo qualcosa del genere in precedenza?* (Se sì: quando? Che cos'è successo? Come ne sono uscito?)
  ....
  ....
- *Quali sono state le conseguenze negative?*
  ....
  ....
- *Ci sono state delle conseguenze positive?*
  ....
  ....
- *Quali saranno i suoi effetti su di me in questo caso? Come potrei pensare di reagire a questo evento? Come potrei sentirmi in risposta a questo evento?*
  ....
  ....
- *Cosa potrei fare per ridurre l'impatto di questo evento?*
  ....
  ....

Fig. 9.6 Esercizio di autovalutazione 18: prepararsi per le situazioni ad alto rischio

Prendete come riferimento il questionario sulla previsione degli eventi che avete completato nella Figura 9.5. Selezionate *uno* degli eventi che avete valutato come *altamente possibile* che si verifichi per il quale avete valutato voi stessi come *molto sicuri* di poterlo affrontarle. Nonostante non lo abbiate valutato come una situazione problematica, questo esercizio vi permetterà di impratichirvi nel processo di preparazione agli eventi.

- *Un esempio di una situazione ad alto rischio che è problematica per me è:*
  ....
  ....

- *Come potrebbe presentarsi (in quali circostanze)?*
  ....
  ....

- *Quando è più probabile che si verifichi?*
  ....
  ....

- *Perché? Come lo so?*
  ....
  ....

- *Che cosa posso fare, se possibile, per evitare che accada?* (Stilate una lista delle possibili azioni utili per evitare che questo evento si verifichi)
  ....
  ....

- *È successo qualcosa del genere in precedenza?* (Se sì: quando? Che cos'è successo? Come ne sono uscito?)
  ....
  ....

- *Quali sono state le conseguenze negative?*
  ....
  ....

- *Ci sono state delle conseguenze positive?*
  ....
  ....

- *Quali saranno i suoi effetti su di me in questo caso? Come potrei pensare di reagire a questo evento? Come potrei sentirmi in risposta a questo evento?*
  ....
  ....

- *Che cosa potrei fare per ridurre l'impatto di questo evento?*
  ....
  ....

Fig. 9.7 Esercizio di autovalutazione 19: prepararsi per le situazioni ad alto rischio

9.6 Esercizi di autovalutazione 18-21: sviluppare piani per affrontare le situazioni ad alto rischio

> Ancora una volta, prendete come riferimento il questionario sulla predizione degli eventi che avete completato nella Figura 9.5. Selezionate *uno* degli eventi che avete valutato come *altamente possibile* e per cui avete valutato voi stessi come *non molto sicuri* di poterlo affrontare. Mettete a punto un piano che potreste seguire per affrontare questa situazione. Potreste trovare un po' più difficile questo esercizio. Rileggete il piano che avete pensato per l'esercizio precedente e usatelo come un modello per aiutarvi in questo esercizio.

- *Un esempio di evento che è altamente probabile che si verifichi e per cui NON mi sento molto sicuro di poterlo affrontare è:*
  ....
  ....

- *Come potrebbe presentarsi (in quali circostanze)?*
  ....
  ....

- *Quando è più probabile che si verifichi?*
  ....
  ....

- *Perché? Come lo so?*
  ....
  ....

- *Che cosa posso fare, se possibile, per evitare che accada? (Stilate una lista delle possibili azioni utili per evitare che questo evento si verifichi)*
  ....
  ....

- *È successo qualcosa del genere in precedenza? (Se sì: quando? Che cos'è successo? Come ne sono uscito?)*
  ....
  ....

- *Quali sono state le conseguenze negative?*
  ....
  ....

- *Ci sono state delle conseguenze positive?*
  ....
  ....

- *Quali saranno i suoi effetti su di me in questo caso? Come potrei pensare di reagire a questo evento? Come potrei sentirmi in risposta a questo evento?*
  ....
  ....

- *Che cosa potrei fare per ridurre l'impatto di questo evento?*
  ....
  ....

Fig. 9.8 Esercizio di autovalutazione 20: prepararsi per le situazioni ad alto rischio

Per questo esercizio dovrete fare riferimento alle risposte che avete dato nel questionario sull'autocontrollo (Fig. 9.3). Controllate ogni situazione che avete valutato con un punteggio pari o inferiore a 40. Queste situazioni rappresentano dei compiti che non vi sentite molto sicuri di affrontare. Avrete bisogno quindi di preparare un piano in modo da aumentare i vostri punteggi di sicurezza. Selezionate una situazione con un punteggio pari o inferiore a 40 e scrivetela nello spazio sottostante. Poi iniziate a stendere un progetto su come potreste affrontarla considerando le domande poste di seguito. Potete applicare lo stesso processo per ogni altra situazione per cui avete dato un punteggio alla vostra sicurezza pari o inferiore a 40.

- Una situazione che NON sono molto sicuro di poter affrontare è:
  ....
  ....

- Che cosa potrebbe ridurre la mia fiducia nell'affrontare questa situazione? (Considerate i vostri pensieri, emozioni, comportamenti in risposta alla situazione)
  ....
  ....

- Che cosa potrebbe fare crescere la mia sicurezza nell'affrontare questa situazione? (Considerate i vostri pensieri, emozioni, comportamenti in risposta alla situazione)
  ....
  ....

- Come potrei affrontare la situazione diversamente? (Considerate i vostri pensieri, emozioni, comportamenti in risposta alla situazione)
  ....
  ....

- Quali altre strategie di autocontrollo potrei usare per affrontarla? (Mettete a punto un piano specifico)
  ....
  ....

Fig. 9.9 Esercizio di autovalutazione 21: prepararsi per le situazioni ad alto rischio

9.7 Conclusioni

Una volta che avete lavorato sugli esempi nelle Figure dalla 9.5 alla 9.9, avrete sviluppato alcuni piani specifici che vi aiuteranno a reagire ad alcune situazioni ad alto rischio o ad alcuni eventi che potrebbero presentarsi e verificarsi nella vostra vita.

Vi raccomandiamo di adottare lo stesso approccio per ogni altra situazione ad alto rischio che avete individuato nell'esercizio di autovalutazione numero 16 (Fig. 9.4). Annotate i vostri piani d'azione in modo che vi possano essere da guida nel caso una qualsiasi di queste situazioni si dovesse presentare in futuro.

Tenere un registro dei vostri piani d'azione significherà che potete facilmente ricordarli ogni volta che sarà necessario.

Per ogni situazione che avete elencato nella Figura 9.4, immaginate ciò che effettivamente vi potrebbe occorrere nel caso si presentasse. Precisate quali pensieri costruttivi potreste nutrire, come potreste sentirvi e quali specifiche strategie di autocontrollo potreste attivare per gestire la situazione in maniera efficace. Siate il più possibile precisi nel progettare il vostro piano d'azione e cercate d'incorporare le strategie di istruzioni fai-da-te e di *problem solving* che abbiamo descritto nel capitolo 8.

Nel capitolo seguente esamineremo possibili modi utili a ridurre l'impatto che gli acufeni hanno con il vostro stile di vita quotidiano. Con una prospettiva più ampia illustreremo successivamente alcuni metodi con cui potreste iniziare a stabilire alcuni obiettivi a lungo termine per il futuro.

Ridurre l'impatto degli acufeni sul vostro stile di vita

10

Una volta che ho capito che avevo permesso agli acufeni di condizionare la mia vita, ho deciso di passare all'azione per riprenderne il controllo. Mi ero reso conto che avevo lasciato che essi determinassero ciò che dovevo fare e quando. Ero giunto al punto in cui non accettavo più di uscire. Usavo sempre la tattica "aspettiamo e vediamo". Controllavo come erano gli acufeni quel giorno, e poi decidevo se andare o meno a giocare a golf, o a una cena o un incontro a cui ero stato invitato... Ero arrivato davvero al punto in cui, aldilà del lavoro, non facevo molto altro! Meno facevo, più tempo mi fissavo sugli acufeni, ed ero sempre più disperato!

10.1 Lo stile di vita e gli acufeni

In questo capitolo esamineremo come lo stile di vita e gli acufeni possono essere legati.

Come abbiamo visto nel capitolo 1, un problema comune associato agli acufeni è la loro importante interferenza con le attività del vivere quotidiano tanto da indurre alcune persone a rinunciare ad attività piacevoli o appaganti. Riducendo le attività piacevoli, si permette agli acufeni di assumere un peso ancora più determinante!

L'obiettivo di questo capitolo è quello di aiutarvi a ridimensionare l'interferenza degli acufeni con le vostre attività quotidiane per recuperare i vostri spazi vitali.

10.2 Aumentare il numero di eventi piacevoli nella vostra vita

Gli eventi piacevoli derivano da attività intrinsecamente positive in quanto offrono un'importante fonte di piacere, soddisfazione e godimento.

Partecipare ad attività piacevoli può aiutare a ridurre il peso degli eventi spiacevoli, come gli acufeni. Può accadere che non dedichiate molto tempo a fare semplicemente le cose che vi piacciono. Trovate qualche attività che vi soddisfa e alla qua-

Acufeni. Jane L. Henry, Peter H. Wilson
© Springer-Verlag Italia 2012

le però vi dedicate raramente; cercate di individuare quelle attività che vi piacciono e cominciate a inserirle nella vostra routine quotidiana.

10.3 Esercizio di autovalutazione 22: individuare gli eventi piacevoli

Nella Figura 10.1 presentiamo l'esercizio di autovalutazione numero 22 in cui sono elencate una serie di attività che molti potrebbero trovare piacevoli; naturalmente questo elenco non pretende di essere esaustivo. Quando leggerete questi esempi, noterete che alcune di queste attività possono essere svolte da soli (es. leggere un libro) e che altre, invece, si possono fare con il proprio partner o con gli amici (es. giocare a tennis, intrattenere gli amici). Qualche attività richiede un po' di pianificazione e comporta una spesa (es. andare al ristorante o a un concerto); altre sono molto semplici e non costano niente (es. sdraiarsi al sole o cantare). Leggendo i vari tipi d'attività, ponetevi le seguenti domande:
- Mi piace questa attività?
- Se sì: che cosa mi piace di questa attività? Quando è stata l'ultima volta che mi ci sono dedicato? Mi piacerebbe svolgerla più spesso? Perché ho smesso di farla? Con chi potrei farla?

Una volta completato l'esercizio della Figura 10.1, leggete l'esempio di un registro di eventi positivi potenziali nella Figura 10.2 e poi compilate una vostra lista di eventi piacevoli nella Figura 10.3.

Leggete le attività e gli esempi e successivamente scrivete nello spazio sottostante alcune attività che trovate personalmente piacevoli.

- Attività sociali (es. fare una festa, fare un picnic con gli amici, fare un barbecue con gli amici, andare in caffetteria con gli amici, invitare un amico a pranzo, andare in un club, parlare con un amico al telefono, chiacchierare con un vicino).

  ....
  ....
  ....

- Attività ricreative (es. far volare un aquilone, fare una passeggiata in montagna o fare arrampicata, giocare a carte con gli amici, giocare a bowling, fare immersioni, guardare una partita di calcio, cantare in un coro, fare lezioni di ballo).

  ....
  ....
  ....

- Attività sportive (es. giocare a golf, nuotare, camminare, giocare a tennis, fare surf, andare in palestra, fare jogging, fare yoga, frequentare corsi di aerobica, andare in bicicletta, giocare a squash).

  ....

  (cont.→)

Fig. 10.1 Esercizio di autovalutazione 22: individuare gli eventi piacevoli

Fig. 10.1 (*continua*)

- Attività creative (es. scrivere poesie, creare o dipingere oggetti in ceramica, pitturare, disegnare, scolpire il legno, costruire modellini, confezionare vestiti, cucinare, provare nuove ricette, creare decorazioni floreali, fare giardinaggio, fare lavori artigianali, rinnovare l'arredamento).
  ....
  ....
  ....

- Attività educative (es. studiare una lingua straniera, frequentare un corso o un workshop, partecipare a un corso d'informatica, storia, politica, astronomia ecc., guardare programmi d'economia in tv, assistere a incontri pubblici).
  ....
  ....
  ....

- Attività solitarie (es. leggere un libro, fare le parole crociate, sdraiarsi al sole, ascoltare la radio, leggere una rivista, fare meditazione, fare shopping, scrivere lettere agli amici, godersi una tazza di caffè, rilassarsi in un bagno caldo).
  ....
  ....
  ....

- Attività artistiche (es. visitare una galleria d'arte, andare all'opera, andare a una mostra fotografica, andare a un balletto, frequentare lezioni di critica d'arte, andare a teatro).
  ....
  ....
  ....

- Attività legate al benessere (es. farsi fare un massaggio o un trattamento facciale, andare dal parrucchiere, fare la pedicure o un bagno caldo, farsi fare un massaggio ai piedi, dormire fino a tardi, andare presto a letto).
  ....
  ....
  ....

- Attività musicali (es. suonare uno strumento musicale, imparare a suonare uno strumento musicale, ascoltare una delle vostre canzoni preferite, andare a un concerto, cantare).
  ....
  ....
  ....

- Attività legate agli interessi (es. collezionare francobolli o monete, andare a sfilate di moda, visitare mercati antiquari, andare alle corse, leggere riviste di sci, visitare siti storici come vecchie case o chiese).
  ....
  ....
  ....

- Attività di viaggio (es. organizzare una vacanza ai tropici, campeggiare, guidare in campagna, weekend improvvisati, prendere un volo "last minute", leggere guide, guardare le foto delle vacanze).

(*cont.* →)

Fig. 10.1 (*continua*)

> ....
> ....
> ....
> - Attività gastronomiche (es. andare al proprio ristorante preferito, cucinare per gli amici, seguire corsi culinari, studiare degustazione, leggere libri di ricette, leggere riviste su cibo e vino, provare una nuova enoteca, visitare una fiera culinaria, andare a una degustazione di vini, provare un nuovo genere di cucina, organizzare un menu per una cena, cucinare, mangiare una fetta di torta al cioccolato).
> ....
> ....
> ....

1. Avere amici a cena
2. Fare un trattamento facciale
3. Lavorare in giardino
4. Essere in un club di bowling
5. Imparare a parlare il francese
6. Andare in vacanza a Bordeaux
7. Rilassarsi al sole
8. Leggere un buon romanzo
9. Dormire
10. Fare una passeggiata sulla spiaggia
11. Comunicare con gli amici via Skype
12. Trascorrere del tempo con il partner
13. Provare una nuova ricetta
14. Visitare una galleria d'arte
15. Guardare il tramonto
16. Fare shopping per acquistare vestiti nuovi
17. Fare un picnic con gli amici
18. Cantare in un coro
19. Restaurare dei mobili antichi
20. Fare volontariato

Fig. 10.2 Registro dei miei eventi piacevoli: esempio

> Nello spazio sottostante elencate tutte le attività che avete riconosciuto come potenziali eventi piacevoli.
>
> 1. ....
> 2. ....
> 3. ....
> 4. ....
> 5. ....

Fig. 10.3 Registro dei miei eventi piacevoli: esercizio

10.4 Programmare gli eventi piacevoli

Ora che avete compilato un elenco delle attività che trovate piacevoli, il prossimo passo è iniziare a programmare le attività piacevoli per ogni settimana. Definiremo questo passo *programmazione delle attività*. Lo scopo della programmazione delle attività è aumentare la varietà e la frequenza delle attività piacevoli a cui partecipate.

Per cominciare, selezionate da tre a quattro attività dal vostro elenco di eventi piacevoli e scrivetele nel modulo di registro delle attività settimanali piacevoli, fornito nella Figura 10.4.

Nella Figura 10.5 vi forniamo un esempio per mostrarvi come potete riempire questo modulo. È importante che pianifichiate un certo numero di attività piacevoli ogni settimana. Anche l'organizzazione degli eventi in sé può essere intrinsecamente piacevole. Per esempio, immaginate quanto possa essere piacevole semplicemente pensare in anticipo a quando andrete al vostro ristorante preferito nel fine settimana.

All'inizio di ogni settimana organizzate i vostri eventi settimanali piacevoli. Datevi un obiettivo preciso (es. organizzate di partecipare a cinque attività piacevoli per la prossima settimana). Alla fine della settimana controllate il vostro registro per vedere se avete raggiunto il vostro obiettivo. Se è così, ricordate di complimentarvi con voi stessi per il vostro impegno.

Giorni	1	2	3	4	5	6	7
			Attività				
1.							
2.							
3.							
4.							
5.							

Fig. 10.4 Registro delle attività settimanali piacevoli. Modulo disponibile sulla piattaforma Springer Extra Materials, vedi pag. 141
Fonte: Henry e Wilson, 2001

Giorni	1 Martedì	2 Mercoledì	3 Giovedì	4 Venerdì	5 Sabato	6 Domenica	7 Lunedì
			Attività				
1. Ascoltare la radio	X	X	X	X	X	X	X
2. Andare a vedere un film						X	
3. Cena per Anna e Gianni							X
4. Leggere una rivista					X		
5. Rilassarsi in un bagno caldo		X				X	

Fig. 10.5 Esempio di registro delle attività settimanali piacevoli

10.5 Introduzione graduale agli eventi piacevoli

Alcune attività piacevoli possono richiedere più tempo per essere organizzate, rispetto ad altre. Per esempio, se il vostro obiettivo è di andare ad arrampicare, avrete bisogno di un'adeguata preparazione.

Con un approccio graduale scandite il piano generale in piccoli passi gestibili. I passi per andare ad arrampicare possono essere:
1. Consultare l'elenco telefonico o gli annunci locali per trovare dettagli sui club di arrampicata sportiva.
2. Contattare il club.
3. Scoprire quando sono le prossime escursioni organizzate dal club.
4. Selezionare l'escursione specifica che vi interessa.
5. Preparare l'attrezzatura e l'abbigliamento.
6. Stilare un elenco degli oggetti di cui avete bisogno per l'escursione (cartine, cibo, attrezzatura da campeggio ecc.).
7. Comprare ciò che eventualmente vi manca.

Alla fine raggiungerete il gruppo per arrampicare insieme.

Il punto da sottolineare è che non ci sarà nessuna escursione se non cominciate a organizzarvi.

Potreste anche considerare: quali sono i possibili ostacoli nel raggiungere questo scopo? Come possono essere superati questi ostacoli?

Potreste anche decidere di applicare le strategie di *problem solving* per trovare una soluzione a questi potenziali ostacoli.

Se voleste andare a uno spettacolo teatrale o a un concerto, le fasi della preparazione potrebbero essere:
1. Procurarsi il programma dei prossimi spettacoli.
2. Contattare un amico che potrebbe avere piacere di venire con voi.
3. Parlare con l'amico delle opzioni per le date e per il tipo di spettacolo.
4. Comprare i biglietti.
5. Organizzare l'evento.

Poi vorreste andare a cena? Se è così, in quale ristorante andrete?
Come andrete a teatro, con che mezzi?

Per ognuna di quelle attività piacevoli che vi siete proposti di svolgere e che risulta particolarmente complessa, potete compilare un elenco dei passi richiesti per raggiungere l'obiettivo.

10.6 Esercizio di autovalutazione 23: modifiche allo stile di vita

Un altro obiettivo su cui lavorare per iniziare a fare progressi è legato a momenti importanti della vostra vita, cambiamenti a lungo termine che vorreste apportare al vostro stile di vita che potrebbero contribuire a farvi sentire bene, come obiettivi che avete sperato di raggiungere nel lavoro, nella vostra educazione ecc.

Può essere allora utile domandarsi: "Ci sono modi in cui la mia vita può essere migliorata, anche nelle piccole cose?".

Considerate diversi aspetti del vostro stile di vita. Passate quindi all'esercizio di autovalutazione esposto nella Figura 10.6.

> Di seguito sono riportati alcuni ambiti legati allo stile di vita di una persona.
> Considerate ogni singolo ambito per determinare se c'è qualcosa che vorreste cambiare, cioè qualcosa che vorreste fare più spesso o meno spesso.

Il mio lavoro attuale
- Sono soddisfatto di questo ambito della mia vita?
  ....
- Posso essere preciso su ciò che voglio cambiare?
  ....
- Dove vorrei essere tra 5 anni? O anche tra 2?
  ....
- Come posso arrivarci?
  ....
- Che cosa ho bisogno di fare ora perché i miei obiettivi possano essere raggiunti? (Mettete a punto un piano e siate il più possibile precisi)
  ....

I miei obiettivi e le mie ambizioni legati al lavoro
- Sono soddisfatto di questo ambito della mia vita?
  ....
- Posso essere preciso su ciò che voglio cambiare?
  ....
- Dove vorrei essere tra 5 anni? O anche tra 2?
  ....
- Come posso arrivarci?
  ....
- Che cosa ho bisogno di fare ora perché i miei obiettivi possano essere raggiunti? (Mettete a punto un piano e siate il più possibile precisi)
  ....

La mia relazione con mio marito/mia moglie, il mio partner
- Sono soddisfatto di questo ambito della mia vita?
  ....

(cont.→)

Fig. 10.6 Esercizio di autovalutazione 23: operare cambiamenti allo stile di vita

Nella Figura 10.7 vi forniamo l'esempio di un piano per operare alcuni cambiamenti relativamente ad alcuni aspetti specifici della vostra vita.

Fig. 10.6 (*continua*)

- Posso essere preciso su ciò che voglio cambiare?
  ....
- Dove vorrei essere tra 5 anni? O anche tra 2?
  ....
- Come posso arrivarci?
  ....
- Che cosa ho bisogno di fare ora perché i miei obiettivi possano essere raggiunti? (Mettete a punto un piano e siate il più possibile precisi)
  ....

La mia relazione con i miei figli, i miei genitori e con altri familiari importanti
- Sono soddisfatto di questo ambito della mia vita?
  ....
- Posso essere preciso su ciò che voglio cambiare?
  ....
- Dove vorrei essere tra 5 anni? O anche tra 2?
  ....
- Come posso arrivarci?
  ....
- Che cosa ho bisogno di fare ora perché i miei obiettivi possano essere raggiunti? (Mettete a punto un piano e siate il più possibile precisi)
  ....

Le mie relazioni sociali al di fuori della famiglia
- Sono soddisfatto di questo ambito della mia vita?
  ....
- Posso essere preciso su ciò che voglio cambiare?
  ....
- Dove vorrei essere tra 5 anni? O anche tra 2?
  ....
- Come posso arrivarci?
  ....

(*cont.* →)

Fig. 10.6 (*continua*)

- Che cosa ho bisogno di fare ora perché i miei obiettivi possano essere raggiunti? (Mettete a punto un piano e siate il più possibile precisi)
  ....
  ....

La mia situazione finanziaria e la mia abitazione
- Sono soddisfatto di questo ambito della mia vita?
  ....
  ....
- Posso essere preciso su ciò che voglio cambiare?
  ....
  ....
- Dove vorrei essere tra 5 anni? O anche tra 2?
  ....
  ....
- Come posso arrivarci?
  ....
  ....
- Che cosa ho bisogno di fare ora perché i miei obiettivi possano essere raggiunti? (Mettete a punto un piano e siate il più possibile precisi)
  ....
  ....

La mia educazione e miei obiettivi
- Sono soddisfatto di questo ambito della mia vita?
  ....
  ....
- Posso essere preciso su ciò che voglio cambiare?
  ....
  ....
- Dove vorrei essere tra 5 anni? O anche tra 2?
  ....
  ....
- Come posso arrivarci?
  ....
  ....
- Che cosa ho bisogno di fare ora perché i miei obiettivi possano essere raggiunti? (Mettete a punto un piano e siate il più possibile precisi)
  ....
  ....

I miei obiettivi generali nella vita
- Sono soddisfatto di questo ambito della mia vita?
  ....
  ....

(*cont.* →)

Fig. 10.6 (*continua*)

- Posso essere preciso su ciò che voglio cambiare?
  ....
  ....
- Dove vorrei essere tra 5 anni? O anche tra 2?
  ....
  ....
- Come posso arrivarci?
  ....
  ....
- Che cosa ho bisogno di fare ora perché i miei obiettivi possano essere raggiunti? (Mettete a punto un piano e siate il più possibile precisi)
  ....
  ....

Individuate le aree di insoddisfazione = non sono soddisfatto della mia attuale situazione lavorativa
- Sono soddisfatto di questo ambito della mia vita?
  No, sono in un vicolo cieco. Lavoro qui da 8 anni. So che potrei fare molto di più, ma non c'è possibilità di carriera in questo ufficio.
- Posso essere preciso su ciò che voglio cambiare?
  Ho bisogno di un lavoro che sia più stimolante e in cui possa davvero esprimere il mio potenziale.
- Dove vorrei essere tra 5 anni? O anche tra 2?
  Tra due anni vorrei essere in una posizione dirigenziale in un'azienda.
- Come posso arrivarci?
  Ho bisogno di prendere la decisione di cercare un altro lavoro. Ho anche bisogno di seguire un po' di corsi per aggiornarmi nelle mie capacità gestionali e informatiche.
- Che cosa ho bisogno di fare ora perché i miei obiettivi possano essere raggiunti? (Mettete a punto un piano e siate il più possibile precisi)
  Il primo passo probabilmente è quello di aggiornare il mio curriculum vitae. Potrei comprare una guida specifica o consultare un esperto per capire come si prepara un CV per presentarmi nel miglior modo possibile. Contatterò un po' di persone per chiedere se possono scrivere delle referenze per me. Poi devo cominciare a controllare la rubrica degli annunci di lavoro sul giornale o su internet. Su internet troverò le informazioni riguardanti i corsi di "business e management". Deciderò qual è il corso migliore per me e invierò la domanda d'iscrizione.

Fig. 10.7 Un esempio di piano d'azione per apportare modifiche al proprio stile di vita

10.7 Conclusioni

In questo capitolo abbiamo considerato la relazione tra gli acufeni e il vostro stile di vita in generale, e suggerito come proporsi attività piacevoli e precisi obiettivi di vita a medio o lungo termine.

Lo scopo di questo capitolo era aiutarvi a scoprire come la gestione degli acufeni coinvolga l'equilibrio tra i vari aspetti della vita.

10.7 Conclusioni

Un paziente che ha frequentato uno dei nostri gruppi ha commentato in una delle prime sessioni che il mondo suo e degli altri pazienti del gruppo era "pieno di acufeni, nient'altro che acufeni". È facile immaginare da dove possa derivare questo giudizio. Per far sì che non vi troviate a descrivere il vostro mondo in questo modo, dovete dedicare del tempo ad altre attività importanti e a darvi e perseguire degli obiettivi. La partecipazione ad attività piacevoli per voi è un modo per assegnare un posto agli acufeni e un altro al piacere.

Se siete coinvolti in una serie di attività appaganti, in qualunque cosa che vi dia piacere, non solo vi sentirete meglio, ma ridurrete il rischio di depressione; aumenterà la soddisfazione della vostra vita e otterrete un maggiore controllo sugli acufeni.

Se gli acufeni vi deprimono e vi impediscono di fare ciò che vi piace, avete proprio bisogno di riprendere il controllo dei vostri acufeni, di rimetterli al loro posto!

Conservare a lungo i vantaggi ottenuti 11

11.1 Conservare i vantaggi acquisiti

In questo capitolo prenderemo in considerazione i metodi che potete adottare per mantenere i vantaggi che avete finora ottenuto. Lo scopo di questa parte del vostro programma di autogestione è di aiutarvi ad acquisire abilità sempre più specifiche per la gestione a lungo termine degli acufeni. Tutte le strategie di autocontrollo descritte in questo libro richiedono un esercizio continuo e coerente per sviluppare la capacità di esercitare ciascuna di queste tecniche.

Quando sarete in grado di impiegare con successo le varie tecniche, è probabile che comincerete a usarle in maniera abbastanza automatica. Così cambieranno le vostre reazioni agli acufeni, siano esse cognitive, percettive, emotive, comportamentali.

Cambiando il modo di reagire è probabile che viviate i vostri acufeni in modo meno problematico e, con il tempo, non li noterete più tanto spesso.

Perché dovreste acquisire delle abilità migliori per la gestione degli acufeni a lungo termine? Gli *acufeni cronici*, per definizione, sono un problema audiologico derivante da un adattamento plastico "negativo" del sistema acustico. Inoltre, come abbiamo detto nella prefazione e nel capitolo 1, gli acufeni si inseriscono in un quadro patologico d'insieme, fatto di sintomi e disfunzioni extra-acustiche quali ansia, depressione, irritabilità, disturbi del sonno; questa "sindrome" può causare disturbi nell'insieme delle diverse attività quotidiane, lavorative, sociali, di svago. Nei capitoli precedenti abbiamo visto come potete imparare ad adattarvi agli acufeni e a cambiare il modo in cui rispondere a questa sensazione attraverso modifiche nei processi percettivi, cognitivi ed emotivi. È però necessario un costante "allenamento" per indurre il cosiddetto riadattamento plastico "positivo". Quindi, non avete solo bisogno di apprendere i metodi di gestione a breve termine degli acufeni, ma anche di acquisire delle strategie che valgano a lungo termine, per affrontare i futuri possibili cambiamenti della vostra vita, dovuti magari al sopraggiungere di alterazioni dello stato di salute generale o dell'udito o delle vostre condizioni emotive, al verificarsi di eventi avversi, o a eventuali cambiamenti degli aspetti acustici degli acufeni.

11.2 Quali fattori potrebbero interferire con la gestione dell'acufene?

Alcuni fattori, perlopiù indipendenti dagli acufeni, possono interferire con la vostra capacità di gestirli a lungo termine:
1. Incapacità a usare le strategie di autocontrollo o uso non frequente delle stesse.
2. Aumento dello stress emotivo con comparsa/accentuazione di depressione, tensione, irritabilità, aggressività, disturbi del sonno.
3. Eventi negativi non causati dagli acufeni (lutto, perdita del lavoro).
4. Eventi negativi non causati dagli acufeni ma significativi per gli acufeni come perdita del lavoro o litigi con il partner.
5. Comportamenti negativi, come la diminuzione o la cessazione della partecipazione ad attività occupazionali o ricreative.
6. Difficoltà a partecipare alle conversazioni in luoghi affollati per disturbi uditivi oppure in luoghi silenziosi per il sovrapporsi degli acufeni.
7. Aspetti sociali o interpersonali, come la mancanza di comprensione da parte del proprio partner, della famiglia, degli amici.

Se state vivendo un periodo di crescente difficoltà con gli acufeni, potreste avere bisogno di scoprire quale delle questioni sopra elencate possa essere la causa d'interferenza con i vostri progressi.

Solo quando avrete analizzato correttamente la causa delle difficoltà, potrete mettere a punto un piano per affrontare la situazione. Ricordate che per una corretta autogestione degli acufeni dovete essere in grado di fare il punto della situazione. Gli esercizi che seguono possono aiutarvi in tal senso.

11.3 Esercizi di autovalutazione 24 e 25: valutare i propri progressi

Per valutare i vostri progressi vi consigliamo di valutare di mese in mese il modo in cui state gestendo gli acufeni. Per aiutarvi in questo processo presentiamo nella Figura 11.1 l'esempio di un modulo di registrazione. In questo esempio la linea del tempo mostra come una persona ha gestito gli acufeni nelle 4 settimane precedenti.

Nella Figura 11.2 presentiamo un modulo di registrazione che consente di monitorare lo stato generale del vostro benessere emotivo lungo un periodo di 4 settimane.

Questo modulo vi aiuterà a tracciare un quadro dei vostri progressi nel corso delle ultime 4 settimane. Il grafico finale vi darà un'idea visiva dei cambiamenti nella gestione emotiva degli acufeni nel tempo. Sull'asse delle Y viene riportato "il problema acufeni" secondo una scala da 0 (nessuna difficoltà di gestione) a 5 (molte difficoltà a gestire gli acufeni). L'asse X invece si riferisce al tempo trascorso, a partire da 4 settimane fa fino a oggi[1].

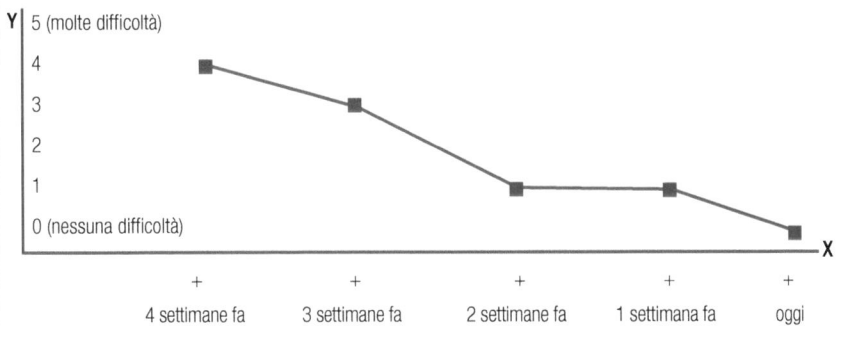

Fig. 11.1 Esercizio di autovalutazione 24: analisi delle quattro settimane precedenti (esempio)
Fonte: Henry e Wilson, 2001

Questo modulo vi aiuterà a tracciare un quadro dei vostri progressi nel corso delle ultime 4 settimane. Il grafico finale vi darà un'idea visiva dei cambiamenti nella gestione emotiva degli acufeni nel tempo. Sull'asse delle Y viene riportato "il problema acufeni" secondo una scala da 0 (nessuna difficoltà di gestione) a 5 (molte difficoltà a gestire gli acufeni). L'asse X invece si riferisce al tempo trascorso, partendo da 4 settimane fa a oggi[1].

```
Y | 5 (molte difficoltà)
  | 4
  | 3
  | 2
  | 1
  | 0 (nessuna difficoltà)
  |_____X
        +         +         +         +         +
    4 settimane fa  3 settimane fa  2 settimane fa  1 settimana fa  oggi
```

Fig. 11.2 Esercizio di autovalutazione 24: analisi delle quattro settimane precedenti (esercizio). Modulo disponibile sulla piattaforma Springer Extra Materials, vedi pag. 141
Fonte: Henry e Wilson, 2001

---

[1] Per semplificare la compilazione del grafico potete utilizzare il punteggio del questionario miniTQ presentato nelle "Avvertenze per i lettori italiani" compilandolo settimanalmente. In questo caso l'asse y va da 0 a 24 a gradini di 5 in 5 (N.d.C.).

Lo scopo principale di questa analisi mensile è considerare i vostri progressi alla luce del vostro programma di autogestione, in altri termini, valutare fino a che punto vi siete esercitati e avete applicato le vostre strategie di autocontrollo per gestire i problemi legati agli acufeni, o qualsiasi altro evento stressante in cui vi siete imbattuti. Per aiutarvi in questo processo, l'esercizio di autovalutazione numero 25, descritto nella Figura 11.3, richiede di completare una "lista di controllo" dei progressi e del loro mantenimento. Potete rileggere il capitolo 3 e completarne alcuni registri quotidiani e i questionari.

Di seguito sono riportate le principali tecniche di autocontrollo che vi sono state presentate in questo libro. Usate questa "lista di controllo" per valutare i vostri progressi e l'applicazione delle tecniche di autocontrollo.

1. **Riconoscere la connessione tra acufeni ed emozioni (rivedete il capitolo 4)**
   - *Ho usato il modello A-B-C?*
   - *Mi sono reso conto dell'impatto delle situazioni sulle mie emozioni?*
   - *Ho notato i miei cambiamenti d'umore, ho provato a individuarne le possibili cause?*

2. **Riconoscere i pensieri automatici negativi (rivedete il capitolo 4)**
   - *Ho usato il modello A-B-C per monitorare i miei pensieri?*
   - *Mi sono reso conto della presenza dei pensieri automatici negativi?*

3. **Mettere alla prova i pensieri automatici negativi (rivedete il capitolo 5)**
   - *Ho usato il modello A-B-C-D-E?*
   - *Ho usato le mie tecniche di arresto del pensiero come mezzo per premere il bottone "pausa" per interrompere il flusso di pensieri negativi?*
   - *Ho usato le mie tecniche di distrazione per permettere di chiamare dei "time-out"?*
   - *Ho messo alla prova qualche pensiero negativo e l'ho sostituito con pensieri più costruttivi?*
   - *Ho applicato il modello A-B-C-D-E per affrontare le emozioni stressanti?*
   - *Sono stato capace di concepire pensieri positivi su me stesso?*
   - *Ho usato qualche segno prefissato come promemoria per creare qualche pensiero positivo su me stesso e sulle mie condizioni?*

4. **Riconoscere i livelli di tensione fisica e i segni di stress (rivedete il capitolo 6)**
   - *Ho fatto pratica con le mie tecniche di rilassamento?*
   - *Mi sono concentrato ogni giorno sulle mie aree di tensione?*
   - *Ho applicato le mie tecniche di rilassamento durante la mia routine quotidiana per controllare qualsiasi aumento dei miei livelli di tensione?*
   - *Ho usato le mie tecniche di rilassamento per affrontare i disturbi del sonno?*
   - *Ho usato le mie tecniche di rilassamento per affrontare le situazioni di rumore?*
   - *Ho usato le mie tecniche di rilassamento per affrontare le situazioni stressanti?*
   - *Ho usato le mie tecniche di rilassamento concentrarmi sui compiti mentali difficili?*

5. **Riconoscere gli orari in cui gli acufeni sono al centro della propria attenzione (rivedete il capitolo 7)**
   - *Mi sono esercitato nelle mie tecniche di controllo dell'attenzione?*

(cont. →)

Fig. 11.3 Esercizio di autovalutazione 25: lista di controllo dei progressi e del loro mantenimento

Fig. 11.3 (*continua*)

- Ho applicato le mie tecniche di controllo dell'attenzione quando gli acufeni si ponevano al centro della mia attenzione?
- Mi sono esercitato con le mie abilità d'immaginazione?
- Ho usato le mie tecniche d'immaginazione per provare ad alterare gli acufeni in qualche modo?
- Ho usato le mie abilità d'immaginazione e di controllo dell'attenzione per aiutarmi nelle situazioni molto rumorose?
- Ho usato le mie abilità d'immaginazione e di controllo dell'attenzione per aiutarmi nell'affrontare i disturbi del sonno?
- Ho usato le mie abilità d'immaginazione e di controllo dell'attenzione per concentrarmi su qualche compito mentale?

6. Integrare le mie tecniche di autocontrollo (rivedete il capitolo 8)
- Ho usato le istruzioni fai-da-te per affrontare le situazioni stressanti?
- Ho usato le istruzioni fai-da-te come promemoria per adottare le mie strategie di autocontrollo?
- Ho sfruttato la presenza di pensieri negativi come segnale per usare le istruzioni fai-da-te?
- Ho usato le istruzioni fai-da-te per pensare in anticipo ciò che voglio fare per affrontare le situazioni stressanti?
- Ho usato le istruzioni fai-da-te per pianificare come affrontare le situazioni stressanti?
- Ho usato le capacità di problem solving *per affrontare le situazioni quotidiane difficili?*
- Ho usato le capacità di problem solving *per affrontare le situazioni difficili legate agli acufeni?*

7. Affrontare le situazioni ad alto rischio (rivedete il capitolo 9)
- Ho individuato le situazioni ad alto rischio importanti per me?
- Ho messo a punto dei piani specifici per affrontare ognuna di queste situazioni?
- Ho usato uno qualsiasi dei miei piani "di emergenza" per affrontare le situazioni ad alto rischio?
- Ho messo a punto qualche piano specifico per affrontare quelle situazioni che non mi sento ancora sicuro di poter affrontare? Ho sperimentato uno di questi piani per aumentare la mia sicurezza di poter affrontare queste situazioni specifiche?
- Ho messo a punto dei piani specifici per affrontare delle potenziali situazioni problematiche che potrebbero emergere in futuro? Ho usato uno qualsiasi dei miei piani per prepararmi ad affrontare queste situazioni che avrebbero potuto emergere lo scorso mese?

8. Ridurre l'entità con cui gli acufeni interferiscono con il vostro stile di vita quotidiano (rivedete il capitolo 10)
- Ho identificato i modi in cui gli acufeni interferiscono con il mio stile di vita quotidiano?
- Ho identificato qualche attività piacevole?
- Ho programmato qualche attività piacevole nella mia routine quotidiana?
- Ho fissato degli obiettivi per assicurarmi la partecipazione ad attività piacevoli ogni settimana?
- Mi sono gratificato per essere riuscito a programmare qualche attività piacevole?
- Ho considerato il mio stile di vita a lungo termine per determinare se desidero apportarvi delle modifiche?
- Mi sono prefissato degli obiettivi per apportare delle modifiche a lungo termine al mio stile di vita? Che tipo di progressi sto facendo nel raggiungere i miei obiettivi?

11.4 Conclusioni

In questo capitolo abbiamo delineato i passi da compiere perché possiate sperare di mantenere i vostri progressi nel tempo.

La vostra capacità di gestire gli acufeni può essere messa alla prova di tanto in tanto da altri eventi della vita o da cambiamenti che possono insorgere negli acufeni stessi. Se vi accorgete di un calo della vostra capacità di gestire gli acufeni sfruttate questa occasione per dedicare più attenzione al problema.

Ricordate che il vostro scopo è di assumere il controllo sugli acufeni e non che essi prendano il sopravvento su di voi. Nei momenti di difficoltà potete rileggere parti di questo libro per ricordarvi come potete gestire gli acufeni.

Speriamo che non abbiate bisogno di questo capitolo, che potrà comunque soccorrervi nel caso abbiate bisogno di un aiuto "extra" di tanto in tanto!

Alcuni consigli finali per gestire gli acufeni 12

Nel capitolo 1 abbiamo accennato ad alcuni problemi che le persone possono vivere con gli acufeni (Figura 12.1). In questo capitolo vi offriamo ulteriori consigli su come gestire alcuni di questi problemi che sono molto comuni.

---

1. Problemi delle emozioni angoscianti
- Gli acufeni causano sensazioni di depressione, tensione, irritabilità, rabbia, fastidio e frustrazione.
- Gli acufeni peggiorano durante i periodi di stress.

2. Problemi del sonno
- Gli acufeni creano problemi ad addormentarsi.
- Gli acufeni rendono difficile rimanere addormentati.

3. Effetti distruttivi su udito e comunicazione
- Gli acufeni rendono difficile seguire le conversazioni o sentire ciò che viene detto in presenza di rumore di fondo.
- Gli acufeni creano problemi in ambienti silenziosi.
- Gli acufeni creano problemi in ambienti affollati.

4. Invadenza nelle attività quotidiane e nello stile di vita
- Gli acufeni disturbano la capacità di concentrarsi sulle attività lavorative e su altre attività mentali e intellettuali in generale.
- Gli acufeni causano cambiamenti negativi nelle relazioni con il coniuge, il partner, i familiari e gli amici.
- Gli acufeni portano a una partecipazione limitata alle attività lavorative, sociali e ricreative.
- Gli acufeni causano una riduzione del piacere nello svolgimento di attività sociali, ricreative, di svago.

Fig. 12.1 Riepilogo dei problemi comuni legati agli acufeni

12.1 Affrontare le emozioni stressanti

Per gestire i problemi legati alle emozioni stressanti che potrebbero emergere in risposta agli acufeni, è importante che ricordiate la forte influenza che i vostri pensieri hanno sulle emozioni.

Potete imparare a gestire le sensazioni di depressione, cattivo umore, impotenza e disperazione mettendo in pratica i metodi cognitivi descritti nei capitoli 4 e 5.

Sintomi d'ansia, tensione e frustrazione possono anche essere combattuti con queste strategie cognitive insieme con le procedure di rilassamento descritte nel capitolo 6.

Il *relaxation training* vi aiuterà se doveste accorgervi che gli acufeni peggiorano quando siete sotto stress.

Le istruzioni fai-da-te e di *problem solving* descritte nel capitolo 8, e le procedure per individuare le situazioni ad alto rischio possono essere tutti metodi efficaci per gestire gli eventi stressanti.

Sensazioni di impotenza e di frustrazione possono essere superate imparando a ottenere un maggiore senso di controllo sui vostri processi d'attenzione in risposta agli acufeni usando il controllo dell'attenzione e gli esercizi di immaginazione descritti nel capitolo 7.

Vi proponiamo ora una serie di ulteriori consigli su come affrontare le sensazioni di irritabilità-aggressività o persino le tentazioni suicidarie.

12.2 Irritabilità e aggressività

Alcune persone che soffrono di acufeni mostrano una forte irritabilità e aggressività. Queste manifestazioni spesso richiedono una quantità non necessaria di energie che potrebbero essere meglio indirizzate per affrontare direttamente i problemi. L'irascibilità, inoltre, è spesso fonte di gravi problemi con amici e familiari.

Se questo è un vostro problema, dovete pensare a come gestirlo esprimendo comunque le vostre legittime frustrazioni ma con modalità più costruttive: è più efficace essere energici con modalità che rispettino i diritti e i sentimenti degli altri.

Chiedetevi quindi: "Chi o che cosa è il vero oggetto di questa ira?". A volte l'aggressività è diretta verso qualcuno, anche quando questo qualcuno è il vero o legittimo oggetto di questa frustrazione. Gli oggetti più comuni di ira possono essere una persona, un'azienda, un'istituzione che pensate essere responsabile degli acufeni, le persone che non mostrano un'adeguata comprensione nei vostri confronti e che perciò non vi danno il supporto che vi aspettereste, le persone che producono rumori forti e utilizzano macchinari rumorosi, i medici perché non riescono a trovare una cura, o il governo perché non stanzia più fondi per la ricerca sugli acufeni.

Certo, una persona che soffre di acufeni può essere irritata per varie questioni che non hanno relazione con gli acufeni, ma è vero che gli acufeni stessi possono accrescere il livello di frustrazione e rendere difficile affrontare gli eventi fastidiosi della vita in maniera più calma, più accettabile.

Se riuscite a individuare chi o che cosa, in generale, vi irrita, allora siete in grado di mettere a punto un piano per affrontare il problema più appropriatamente, sfruttando gli esercizi di *problem solving* descritti nel capitolo 8.

Dovete individuare i pensieri connessi alla vostra irritabilità, aggressività, irascibilità, usando l'analisi A-B-C, come descritto nel capitolo 4. Avendo individuato i pensieri, ed esaminata la loro validità considerando se siano o meno costruttivi, potete concepire delle contro affermazioni più positive e appropriate.

Le tecniche di rilassamento descritte nel capitolo 6 possono essere sviluppate anche per affrontare questa situazione specifica, anche se le cause della vostra ira non sono gli acufeni.

12.3 Tentazioni suicidarie

Nel capitolo 3 vi abbiano fornito una guida per un'autovalutazione degli acufeni e vi abbiamo menzionato anche il suicidio: alcuni pazienti effettivamente affermano che i loro acufeni sono così intensi da farli pensare al suicidio!

Possiamo considerare che, relativamente al suicidio, i pazienti possano suddividersi in tre categorie: coloro che ammettono di avere tentazioni suicidarie, ma confidano anche nel fatto che mai le attueranno, altri così coinvolti nell'idea di suicidio da arrivare a progettarlo, infine pazienti che hanno tentato di suicidarsi ma, per varie ragioni, senza successo.

Bisogna però sottolineare che, anche se una persona non ha alcuna reale intenzione di suicidarsi, l'essere turbato da pensieri così negativi è di per sé molto disturbante.

Chiaramente questo libro non può né vuole sostituire la figura professionale di un medico psichiatra né di uno psicologo. La presenza di questi pensieri è però sintomatica di un segnale che indica un forte disagio e la necessità di un aiuto medico specialistico. È pertanto indispensabile che esponiate i vostri pensieri al vostro medico curante e al vostro specialista perché possano aiutarvi in modo professionale.

È importante che non vi facciate prendere dal panico e che non perdiate la speranza di potere essere aiutati, perché un aiuto specifico è sempre possibile!

Un supporto professionale può essere anzi necessario per aiutarvi!

In ogni caso, tenete con voi anche questo libro perché potete comunque sempre farvi ricorso per utilizzarne le parti più efficaci nel supportarvi!

12.4 Disturbi del sonno

Se avete problemi legati al sonno, potreste concentrarvi su alcune delle tecniche descritte in questo libro. In particolare, vi raccomandiamo di adottare le tecniche di rilassamento descritte nel capitolo 6.

Apprendere efficaci tecniche di rilassamento vi aiuterà a raggiungere livelli più profondi di rilassamento. Una riduzione della tensione fisica produrrà uno stato fisico che può giovare al sonno. Il rilassamento può ridurre il tempo necessario ad addormentarsi e migliorare la qualità del sonno.

Se siete tormentati da qualche preoccupazione o pensiero mentre cercate di addormentarvi, le strategie cognitive descritte nei capitoli 4 e 5 possono risultare utili. Per esempio, potrebbero disturbarvi pensieri specifici del tipo "Non sarò in grado di andare al lavoro domani", "Non ce la faccio a non dormire", "Non riuscirò mai a riaddormentarmi", "è terribile". Naturalmente, questi pensieri possono essere oggetto dei metodi di ristrutturazione cognitiva descritti nel capitolo 5, e possono essere sostituiti con pensieri più costruttivi. Potrebbero esservi utile anche alcuni degli esercizi di arresto del pensiero e di distrazione contenuti nel capitolo 5. Per esempio, potreste provare a immaginare una grande insegna lampeggiante e poi potreste fare un esercizio di distrazione, come contare all'indietro di 7 in 7 partendo da 300, oppure scorrere l'alfabeto all'indietro, concentrandovi deliberatamente a ogni numero o lettera sul rilasciamento di qualsiasi tensione fisica dal vostro corpo.

Una cosa che è importante evitare è sdraiarsi a letto, muovendosi e rigirandosi in continuazione! Se non siete stati in grado di addormentarvi in circa 20 minuti, alzatevi dal letto e andate in un'altra stanza. Potreste quindi concentrarvi su qualche attività rilassante, come leggere un libro, sfogliare una rivista, o guardare la televisione. Qualunque cosa decidiate fare, badate che non sia troppo stimolante o troppo eccitante. Tornate a letto solo quando cominciate a sentirvi assonnati.

Per questi problemi legati al sonno può essere utile analizzare come trascorrete il tempo dalla prima serata fino al momento di andare a letto, e pensare alle cose che fate mentre siete in camera da letto. Per assicurarvi di ottimizzare la qualità del vostro sonno, ecco un elenco di ciò che potreste considerare:
- Lo scopo del vostro letto e della vostra camera è dormire o essere in intimità con il vostro coniuge o partner. Evitate di svolgervi altre attività, come occuparvi di questioni di lavoro, lavorare al computer, leggere o guardare la televisione e così via.
- Fate un programma continuo e regolare. Andate a letto alla stessa ora ogni notte e alzatevi alla stessa ora ogni mattina.
- Evitate di portare a letto con voi problemi o preoccupazioni. Se necessario, passate del tempo in prima serata a riflettere sulla giornata e a prepararvi per il giorno dopo.
- L'esercizio regolare può migliorare il vostro sonno. Comunque, è buona abitudine svolgere esercizio fisico nel corso della prima serata, e non immediatamente prima di andare a letto.
- Trascorrete un paio d'ore prima di dormire svolgendo qualche attività rilassante. Fate pratica con il vostro allenamento al rilassamento, fate un bagno caldo o una doccia, fatevi un latte caldo, rilassatevi davanti alla televisione, ascoltate un po' di musica distensiva, o leggete un libro per "staccare la spina".
- Evitate di bere alcolici prima di andare a letto.
- Evitate di andare a letto affamati, in quanto è probabile che ciò disturbi il vostro sonno.
- Evitate di fare dei riposini durante la giornata.
- Riducete il consumo di caffeina durante la giornata e particolarmente di sera. La caffeina è una sostanza stimolante e si trova in caffè, tè e coca cola.

12.5 Affrontare gli ambienti rumorosi

Le persone che soffrono di acufeni spesso affermano di non amare i luoghi affollati. Evitare i luoghi estremamente affollati è naturalmente una buona pratica per tutti, che viene però talvolta estremizzata. Alcune persone utilizzano addirittura delle protezioni auricolari in tantissime situazioni senza averne realmente bisogno. Molte di queste persone hanno una terribile paura che il rumore possa danneggiare il loro udito o che possa creare un'esplosione di acufeni. Altre non hanno una paura particolare del rumore, ma vogliono semplicemente evitare un aumento dell'intensità degli acufeni, o trovano difficile sentire che cosa dicono le altre persone quando parlano in luoghi molto affollati. Un aumento dell'intensità degli acufeni può essere percepito anche quando ci si sposta da un luogo affollato a uno più tranquillo.

Problemi come questi possono indurre a evitare diverse situazioni, come feste, cene al ristorante, concerti di musica, film e altre cose del genere. È difficile evitare completamene le situazioni rumorose, perché si rischia di ridurre drasticamente le attività piacevoli. Tale effetto negativo può incidere sulla vostra qualità di vita.

Se siete molto più sensibili ai rumori rispetto a un tempo o rispetto alle altre persone, soffrite di *iperacusia*, che è un fenomeno acustico derivante dalla disfunzione del vostro apparato uditivo (in particolare della coclea). È necessario in questo caso discutere questo problema con il vostro medico, otorinolaringoiatra o audiologo, il quale troverà le modalità opportune per aiutarvi.

In generale, al di là dell'iperacusia, potete ottenere qualche beneficio dalle procedure di controllo dell'attenzione o dalle tecniche di rilassamento (vedi i capitoli 6 e 7), esercitandovi con queste tecniche in situazioni casalinghe un po' più rumorose. Potreste utilizzare una radiolina sintonizzata tra una stazione e l'altra per cogliere solo il brusio, oppure i mascheratori ambientali da tenere nella camera da letto o altri generatori di suono, mentre esercitate le abilità di controllo dell'attenzione e di capacità di rilassamento. Potete poi aumentare il volume ogni volta che vi esercitate con queste tecniche (oppure spostate l'attrezzatura più vicino a voi). L'attrezzatura può essere collocata inizialmente in un'altra stanza e successivamente spostata nell'ambiente in cui vi trovate, posizionandola vicino a voi per un po' di settimane.

Non vi stiamo suggerendo di permettere al livello di rumore di essere troppo forte perché sarebbe dannoso e inutile: l'esposizione a rumori intensi come quello delle discoteche, di alcuni bar o un volume elevato della musica dell'MP3 sono sempre pericolosi, anche per chi non soffre di acufeni!

Lo scopo di queste tecniche è quello di permettere al rumore di raggiungere un livello leggermente scomodo ma tollerabile per la maggior parte delle persone. In questo modo il rumore ambientale e i vostri acufeni si "misceleranno" in modo naturale, aiutandovi ad affrontare le diverse situazioni rumorose ma "normali", come feste, supermercati ecc.

Il prossimo passo può essere quello di immaginare di trovarsi in una serie di situazioni rumorose di per sé. Una volta che vi sentite sicuri dei vostri progressi, potreste provare ad applicare in situazioni di per sé rumorose, come centri commerciali o ristoranti, alcune delle tecniche in cui vi siete allenati a casa.

È bene qui sottolineare che è importante evitare di "rifugiarsi nel silenzio", anche "artificialmente" come utilizzare cuffie o protezioni acustiche in ogni ambiente, poiché la scarsità di fonti esterne di rumore impedisce la "distrazione naturale" e facilita la concentrazione sui vostri rumori interni (la cosiddetta *attenzione patologica* agli acufeni).

12.6 Affrontare le situazioni di silenzio

In contrasto con la difficoltà provata da molti nei luoghi rumorosi, alcune persone evitano i posti silenziosi perché sono situazioni in cui avvertono gli acufeni come più invadenti e che ricordano loro di avere perso il piacere del "silenzio". Poiché questa perdita è vissuta da alcuni in modo particolarmente forte, la partecipazione alle attività piacevoli che normalmente hanno luogo in aree silenziose può diminuire notevolmente.

Le tecniche di controllo dell'attenzione e di allenamento dell'immaginazione descritte nei capitoli 6 e 7 possono essere d'aiuto alle persone con questo tipo di problemi. Potete cominciare individuando le situazioni di quiete che evitate o che preferireste evitare.

Ritornate al capitolo sul controllo dell'attenzione e sull'allenamento dell'immaginazione (capitolo 7). Potreste esercitare queste tecniche in una successione di situazioni più tranquille a casa. Potreste collocare qualche attrezzatura che produca rumore nella vostra stanza mentre esercitate le abilità di controllo dell'attenzione e di rilassamento, abbassando un po' il volume ogni volta che mettete in pratica le tecniche.

Il passo successivo è immaginare una serie di situazioni naturali di quiete, scegliendone alcune che siano intrinsecamente molto piacevoli. Quando vi sentite sicuri dei vostri progressi, potete provare a usare le tecniche nelle situazioni di quiete della vita reale.

12.7 Impatto sulle attività giornaliere e sullo stile di vita

Il potenziale impatto degli acufeni sulle vostre attività quotidiane e sul vostro stile di vita può essere superato usando strategie per aumentare la vostra partecipazione ad attività piacevoli e apportando alcune modifiche a determinati ambiti del vostro stile di vita, come quelli descritti nel capitolo 10.

È possibile che insorgano sensazioni di frustrazione e problemi interpersonali laddove vi rendiate conto che le altre persone (il vostro coniuge, il vostro partner, gli amici, i familiari) non riescono a capire che cosa significa soffrire di acufeni. Se è così, può essere molto utile consigliare a queste persone di leggere questo libro, che può aiutare aiutare le persone che vivono con voi ad avere un'idea di ciò che voi provate e a comprendere alcuni dei vostri problemi.

In questo capitolo abbiamo sviscerato alcuni aspetti delle problematiche che vivono le persone che soffrono di acufeni, e abbiamo fornito consigli su come affrontare diverse situazioni. In alcuni casi, vi consigliamo di ricorrere a un'assistenza più specialistica. In altri, come l'avere a che fare con le situazioni di rumore o di quiete, i consigli che vi abbiamo proposto potranno certamente aiutarvi a superare il problema.

12.8 Conclusioni generali

Gli acufeni affliggono le persone in modalità differenti.

In questo libro abbiamo fornito numerosi consigli per superare questi problemi.

Come avete avuto modo di leggere, imparare a convivere con gli acufeni è possibile se acquisite il controllo su di loro invece di lasciare che questi prendano il controllo su di voi. A tal fine, abbiamo descritto un buon numero di approcci per aiutarvi a ottenerne il controllo.

La nostra esperienza clinica ci ha insegnato che le reazioni delle persone sono molto variabili in base anche ai diversi approcci. Alcune persone rispondono molto bene alle tecniche di allenamento al rilassamento o di controllo dell'attenzione, altre trovano che le strategie di gestione del pensiero siano molto utili.

In numerose occasioni abbiamo notato che le persone reagiscono molto positivamente di fronte a un consiglio apparentemente semplice, prendendo per buona una singola idea che poi fa la differenza nella loro vita.

Forse avete letto questo libro dal principio alla fne e avete avuto l'impressione generale che potete fare qualcosa ma non siete sicuri sul che cosa fare esattamente ora!

Vi consigliamo quindi di rileggere il libro nel corso di più settimane, prendendovi il tempo di fare gli esercizi in maniera sistematica.

Provate a sperimentare tutte le proposte del libro, anche quelle che sentite vi possano essere meno d'aiuto, e concedete loro un periodo di prova.

Potete tenere il conto dei vostri progressi usando i moduli forniti nel capitolo 3.

Vi sarà senz'altro di conforto sapere che molte delle idee contenute nel libro sono state sviluppate con persone che, come voi, soffrono di acufeni.

Siamo in debito con coloro che hanno condiviso con noi la loro esperienza degli acufeni lungo gli anni. Come molte di queste persone, speriamo che le idee di questo libro vi siano preziose e vi aiutino a vivere una vita piena, nonostante gli acufeni. Come una persona del gruppo commentò: "Ora penso agli acufeni come a una parte di me, e mi va bene. So che posso averne il controllo!

Materiale aggiuntivo scaricabile dalla piattaforma Springer Extra Materials

All'indirizzo http://extras.springer.com (password: 978-88-470-2354-3) sono disponibili i seguenti materiali:

- **File audio con esercizi di rilassamento**

- **Moduli di monitoraggio degli esercizi rappresentati nelle figure:**

  3.2 a pag. 22
  3.4 a pag. 25
  4.9 a pag. 41
  5.8 a pag. 57
  6.1 a pag. 64
  9.3 a pag. 103
  10.4 a pag. 119
  11.2 a pag. 129

Bibliografia dell'edizione originale

Andersson G, Melin L, Hagnebo C, Scott B, Lindberg P (1995) A review of psychological treatment approaches for patients suffering from tinnitus. Ann Behav Med 17:357-366

Aug J, Kavanagh D, Wilson PH (1991) Tinnitus self-efficacy questionnaire. Unpublished test

Bakal D (1982) The psychobiology of chronic haedache. Springer, New York

Beck AT, Rush AJ, Shaw BF, Emery G (1979) Cognitive Therapy for depression. Guilford Press, New York

Bernstein DA, Borkovec TD (1973) Progressive relaxation training: A manual for the helping professions. Research Press, Champaign, IL

Davies S, McKenna L, Hallam RS (1995) Relaxation and cognitive therapy: A controlled trial in chronic tinnitus. Psychol Health 10:129-143

Goebel G, Hiller W, Fruhauf K, Fichter MM (1992) Effects of inpatient multimodal behavioural treatment on complex chronic tinnitus. In Aran J-M, Dauman R (eds) Tinnitus 91. Proceedings of the Fourth International Tinnitus Seminar (pp. 465-470). Kugler Publications, Amsterdam

Hallam RS, Rachman S, Hinchcliffe R (1984) Psychological aspects of tinnitus. In Rachman S (ed) Contributions to medical psychology (vol. 3). Pergamon Press, Oxford

Henry JL, Wilson P (1996) The psychological management of tinnitus: Comparison of a combined cognitive educational program, education alone and a waiting-list control. Int Tinnitus J 2:9-20

Henry JL, Wilson PH (2001) The psychological management of chronic tinnitus: A cognitive-behavioural approach. Allyn and Bacon, Boston

Jakes SC, Hallam RS, McKenna L, Hinchcliffe R (1992) Group cogntive therapy for medical patients: An application to tinnitus. Cogn Ther Res 16: 67-82

Jakubowski P, Lange AJ (1978) The assertive option: Your rights and responsibilities. Research Press, Champaign, IL

Kanfer FH, Goldstein AP (eds) (1975) Helping people change: A textbook of methods. Pergamon Press, New York

Kavanagh DJ, Wilson PH (1987) Prediction of outcome with group cognitive therapy for depression. Behav Res Ther 27:333-343

Lewinsohn PM, Munoz RF, Youngren MA, Zeiss AM (1978) Control your depression. Prentice-Hall, Englewood Cliffs, NJ

Lindberg P, Scott B, Melin L, Lyttkens L (1987) Long-term effects of psychological treatment of tinnitus. Scand Audiol 16:2-5

Lindberg P, Scott B, Melin L, Lyttkens L (1988) Behavioural therapy in the clinical management of tinnitus. British J Audiol 22:265-272

Marlatt Ga, Gordon JR (1985) Relapse prevention: Maintenance strategies in the treatment of addictive behaviors. Guilford Press, New York

Meichenbaum DH (1975) Self instructional methods. In Kanfer FH, Goldstein AP (eds) Helping people change: A textbook of methods. Pergamon Press, New York

Nezu AM, Nezu CM (1989) Clinical decision making in behavior therapy: A problem-solving perspective. Research Press, Champaign, IL

Novaco RW (1975) Anger control: The development and evaluation of an experimental treatment. Lexington, Lexington, MA

Turk DC, Meichenbaum D, Genest M (1983) Pain and behavioural medicine – A cognitive-behavioural perspective. Guilford Press, New York

Tyler RS (ed) (2000) Handbook of tinnitus. Singular Press, San Diego

Vernon JA (ed) (1998) Tinnitus: Treatment and relief. Allyn and Bacon, Boston

Vernon JA, Moller AR (eds) (1995) Mechanisms of tinnitus. Allyn and Bacon, Boston

Indice analitico

A
Abilità
  di reazione, 108
  di riconoscimento, 108
Acufeni
  ascolto degli, 93
  autocontrollo degli, 103
  cronici, 127
  reazione emotiva agli, 21
Addormentamento, 62
Aggressività, 6, 134
Alcol, 14
Allenamento
  al rilassamento, 59, 64, 134
  dell'immaginazione, 78, 79, 84, 86
Alto rischio, situazioni ad, 101
Ambienti
  rumorosi, 137
  silenziosi, 138
Aree di tensione, 61
Ascolto degli acufeni, 93
Attenzione
  controllo dell', 75
    sensazioni fisiche esterne, 76
    sensazioni fisiche interne, 75
    sensazioni sonore, 77
    tecniche per il, 77
Attività, programmazione delle, 118
Autocontrollo, 8, 61
  degli acufeni, 103
  tecniche di, 131
Autorilassamento, 68
Autovalutazione, 112
  delle situazioni ad alto rischio, 108

C
CBT *vedi* Cognitive Behavioural Treatment
Cervello emotivo, 38
Circolo vizioso, 39
Coclea, 2
Cognitive Behavioural Treatment (CBT), 2, 3, 7

D
Depressione, 7
Disperazione, 22
Distrazione, 46
  metodi di, 47
Disturbi del sonno, 24, 135

E
Emozioni, 31
Emozioni stressanti, 134
Eventi
  piacevoli, 115, 116, 119
  problematici, 106

F
Felicità, 31

G
Gestione del pensiero, 41, 56
Generatori di suono, 15

I
Immaginazione
   allenamento dell', 78, 79, 84, 86
      gusto, 81, 84
      olfatto, 81
      tatto, 80, 84
      udito, 81
   movimento nell', 85
Interferenza, 22
Iperacusia, 137
Irritabilità, 134
Istruzioni fai-da-te, 113

J
Jastreboff, Pawel J, 16

L
Lettore MP3, 14, 16

M
Medico specialista, 1
Memoria paradossa, 15, 38
Menière
   sindrome di, 14, 15
Modello A-B-C, 34, 41, 130
Modello A-B-C-D-E, 51, 54, 130
Monitoraggio, 64
MP3 *vedi* Lettore MP3

N
Neurinoma, 15
Nicotina, 14

O
Otosclerosi, 15

P
Paura, 31
Pensieri
   gestione dei, 41, 56
   negativi, 28, 43, 46
      falso confronto, 50
      filtraggio, 44
      generalizzazione, 44
      lettura della mente, 50
      "tutto o niente", 44
   neutri, 43
   positivi, 28, 43, 46, 49
   problematici, 6
   spontanei, 33
   tecnica dell'arresto dei, 47
Pensieri automatici, 33, 46
   negativi, 26, 33
   neutri, 33
   positivi, 33
Perdita del controllo, 62
PMR *vedi* Progressive Muscle Relaxation
Problem solving, 95, 113, 134
Progressive Muscle Relaxation (PMR), 59, 60, 62, 68

Q
Questionario miniTQ, 129
Questionario sugli aspetti cognitivi degli acufeni *vedi* Tinnitus Cognitive Questionnaire
Questionario sulle reazioni agli acufeni *vedi* Tinnitus Reaction Questionnaire

R
Reazione emotiva agli acufeni, 21
Relax, 65, 70
Relaxation Training (RT), 59, 134
Riadattamento plastico, 127
Rilassamento, 60
   allenamento al, 64
   attraverso il conteggio, 70
   attraverso la memoria, 69
   condizionato, 71
   con esercizi di respiro lento, 71
   procedure di, 11
   tecniche di, 130
Rilassamento muscolare progressivo *vedi* Progressive Muscle Relaxation
Ristrutturazione cognitiva, 43, 52, 55
RT *vedi* Relaxation Training
Rumore, 137

S
Silenzio, 6, 138
Situazioni ad alto rischio, 101

autovalutazione, 108
Sonno, 7, 22, 48
 disturbi del, 24, 135
Stile di vita, 115, 120
Stimoli
 esterni, 74
 interni, 74
Stress, 8, 59, 130
Strumenti per gli acufeni (tinnitus instruments), 16

T
TCQ *vedi* Tinnitus Cognitive Questionnaire
Tecniche
 di autocontrollo, 131
 di rilassamento, 130
Tentazioni suicidarie, 135
Teoria cognitiva, 31, 32
Terapia cognitiva, 10

Terapia cognitivo-comportamentale vedi Cognitive Behavioural Treatment
Tinnitus Cognitive Questionnaire (TCQ), 26, 28
Tinnitus instruments vedi Strumenti per gli acufeni
Tinnitus Reaction Questionnaire (TRQ), 19, 20
Tinnitus Retraining Treatment (TRT), 16
TRQ *vedi* Tinnitus Reaction Questionnaire
TRT *vedi* Tinnitus Retraining Treatment

U
Udito
 perdita di, 5

W
Wild card, 49

GPSR Compliance

The European Union's (EU) General Product Safety Regulation (GPSR) is a set of rules that requires consumer products to be safe and our obligations to ensure this.

If you have any concerns about our products, you can contact us on

ProductSafety@springernature.com

In case Publisher is established outside the EU, the EU authorized representative is:

Springer Nature Customer Service Center GmbH
Europaplatz 3
69115 Heidelberg, Germany

www.ingramcontent.com/pod-product-compliance
Ingram Content Group UK Ltd.
Pitfield, Milton Keynes, MK11 3LW, UK
UKHW041428180426
11947UKWH00007B/343